Spanish Short Stories for Beginners

Alex Torres

OUR HAND-PICKED
BOOK SELECTION FOR YOU.

LEARN
SOMETHING NEW
EVERYDAY.

ISBN: 9798524303462

CONTENTS

Introduction

Spanish is a beautiful language with a rich history. Whether you're learning the language to help you on vacation, with business, to enjoy Spanish literature, or to converse with the Spanish-speaking people you know, one of the best ways to gain a greater understanding of the language is through stories. We learn most when we're having fun!

This book has been created specifically to help you learn Spanish through the art of storytelling. It is thought that reading and comprehending stories is particularly beneficial for those new to the language, and so this book is aimed at beginners. However, even if you have a greater understanding of Spanish, you can still get a lot out of the stories and learn something new. Practise, as they say, does make perfect!

Each story is presented in both languages, Spanish and English. First, you'll read the paragraph in Spanish, and then you have the same paragraph in English making it easy to compare and to check any words you're not familiar with.

At the end of each story you have a summary, an overview of the story, again both in Spanish and English. Reading this will help to reinforce any new words or phrases you've come across, and to ensure you fully understood the story.

Each story also has a selection of multiple-choice questions, to further ensure you have absorbed the story and paid full attention to the details. Re-reading the story to find the answers is also another good exercise for learning the language.

In addition, we give you a vocabulary list, a list of important words used in the story, and their English translations, and a verb list, conjugated in the easiest verb tenses. These words are highlighted in the text so you can easily see them in context.

So if you're struggling with the meaning of a particular word, the first step would be to check if the word is written in bold. If it is, then you can simply refer to the vocabulary list to find the meaning. Of course, it would be impossible to include every word in every story in the list, so it's also a great idea to keep a Spanish/English dictionary to hand, to look up any other words you are not familiar with.

We hope you enjoy learning and improving your Spanish with these short stories!

Chapter 1:

Samantha y el árbol de chocolate
Samantha and the Chocolate Tree

En una tierra muy **lejana**, **vive** Samantha. Ella es una chica de **pelo** dorado, muy **alegre** y muy curiosa. A ella le **encanta** el chocolate. Su familia tiene un tesoro muy **valioso** e **importante**.

In a land far away lives Samantha. She is a golden-haired girl, very cheerful, and very curious. Samantha loves chocolate and her family has a very valuable and important treasure.

La familia de Samantha es dueña de tres **árboles** que **dan** chocolate cada quince días. **Estos** árboles son **mágicos** y muy diferentes a los **demás**. Estos árboles mágicos tienen ramas largas, tronco **pequeño**, hojas color púrpura y una corteza suave.

Samantha's family owns three trees that produce chocolate every two weeks. These trees are magical and very different from the others. These magical trees have long branches, small trunks, purple leaves, and soft bark.

La **historia** de estos árboles es muy antigua; esta familia obtuvo estos árboles gracias al abuelo de Samantha llamado Sam, muchos años atrás, cuando él era un joven aventurero.

The history of these trees is very old; the family obtained these trees thanks to Samantha's grandfather Sam, and an event that happened many years ago, when he was a young adventurer.

A él le gustaba explorar **bosques**, **montañas**, **desiertos** y **playas**. Un día, Sam estaba **caminando** en un bosque en una **gigantesca** montaña, cuando el **sonido** de **agua** cayendo llamó su atención; siguiendo este sonido, caminó **cuidadosamente** por el bosque.

Sam liked to explore forests, mountains, deserts, and beaches. One day, he was walking through a forest on a gigantic mountain when the sound of falling water caught his attention; following this sound, he walked carefully through the woods.

Mientras Sam avanzaba, el sonido poco a poco se hacía **más** fuerte, y de repente encontró una gran **cascada** en medio del bosque. Era muy hermosa y majestuosa, y tan larga que parecía **tocar** el cielo.

As Sam advanced, the sound gradually became louder, and suddenly he found a large waterfall in the middle of the forest. It was stunning and majestic, and so tall that it seemed to touch the sky.

Sam quedó fascinado por esta maravilla, y justo antes de nadar en las aguas de la cascada, notó algo extraño. Vio a lo lejos del **río** a **alguien** agitándose en el agua. Lucia como un **niño** ahogándose.

Sam was fascinated by this wonder, and just before swimming in the waters of the waterfall, he noticed something strange. In the distance, down the river, he saw someone flailing in the water. It looked like a drowning child.

Sam **rápidamente** nadó para salvar a este niño. Mientras se acercaba él se preguntaba: "¿**Por qué** hay un niño en esta cascada, si está en un **lugar** tan solitario?" Sam valientemente sujetó con sus dos brazos al niño y lo sacó del agua.

Sam quickly swam to save the child. As he approached, he wondered, "Why is there a child in this waterfall if it is in such a lonely place?" Sam bravely grabbed the child with both his arms and pulled him out of the water.

Él no podía creer lo que veían sus **ojos**, no era un niño lo que se estaba ahogando... ¡Era un **duende**! Este duende cayó por accidente en el agua, pero por suerte Sam estaba **cerca** para salvarlo.

He couldn't believe his eyes, it wasn't a child that was drowning... It was a leprechaun! The leprechaun had accidentally fallen into the water, but luckily, Sam was nearby to save him.

El duende estaba asustado porque nunca había visto a un humano, y Sam se sentía de la misma manera porque nunca había visto un duende. Este pequeño amiguito sacó de su bolsillo unas muy coloridas semillas como agradecimiento por salvarle la vida, y dijo con una gran sonrisa: "Gracias por salvarme la vida. De ahora en **adelante,** tu vida será muy dulce". Es así como la familia de Samantha consiguió estos árboles **especiales**.

The leprechaun was scared because he had never seen a human, and Sam felt the same way because he had never seen a leprechaun. This little friend took some colorful seeds out of his pocket as a thank you for rescuing him and said with a big smile, "Thank you for saving my life. From now on, your life will be very sweet." That's how Samantha's family got these special trees.

Samantha siempre cuenta esta historia mientras **comparte** el **delicioso** chocolate con su familia y **amigos** durante los fines de semana. En estas reuniones, todos se **sientan** a **comer** el maravilloso chocolate de estos árboles.

Samantha always tells this story while sharing the delicious chocolate with her family and friends during the weekends. At these gatherings, everyone sits down to eat the wonderful chocolate from the magical trees.

Los **tíos** de Samantha son **hombres** de negocios y les gusta el dinero. **Siempre hablan** sobre cómo se puede **vender** el chocolate. Ellos quieren ser famosos, y que su chocolate se conozca en todo el mundo.

Samantha's uncles are businessmen, and they like money. They always talk about ways to sell the chocolate. They want to be famous and have their chocolate known worldwide.

A Samantha no le gusta la idea, pero suele escuchar conversaciones sobre este tema cada quince días. Estas conversaciones **a veces** terminan en **peleas** y discusiones porque sus tíos son codiciosos. Sólo **quieren** ser millonarios y no les importa poner en **peligro** los árboles.

Samantha doesn't like the idea, but she hears conversations about it every other week. These conversations sometimes end in fights and arguments because her uncles are greedy. They just want to be millionaires and don't mind endangering the trees.

Samantha quiere proteger los árboles, y tampoco le gusta ver a su familia pelear. Su sueño es ver a su familia unida en paz, comiendo chocolate y siendo felices.

Samantha wants to protect the trees, and she doesn't like to see her family fighting either. Her dream is to see her family together in peace, eating chocolate, and being happy.

Cuando ella está aburrida, le gusta salir a jugar con estos árboles. Le encanta correr alrededor de ellos, trepar sus ramas, y dormir bajo la sombra que dan sus hojas púrpuras. Ella se pone triste cada vez que piensa sobre cómo sus tíos quieren aprovecharse y explotar los árboles.

When she is bored, she likes to go out and play in the trees. She loves to run around them, climb their branches, and sleep under the shade of their purple leaves. She gets sad every time she thinks about how her uncles want to take advantage and exploit the trees.

Cada día que pasa se siente más unida a estos árboles mágicos, y siente que su deber es protegerlos de sus tíos. Samantha pasa semanas pensando sobre ideas para proteger a estos hermosos árboles, pero tristemente no se le ocurre nada. Un día, mientras juega con estos árboles columpiándose de un lado a otro con unas cuerdas, se le ocurre una idea.

She feels more attached to these magical trees with each passing day, and feels she must protect them from her uncles. Samantha spends weeks thinking up ideas about how to protect these beautiful trees; but sadly, nothing comes to mind. One day, while playing inthe trees, swinging back and forth using some ropes, an idea pops into her head.

Esta idea **es** plantar los tres árboles en un lugar con más espacio, lejos de sus tíos, para que puedan **crecer**, expandirse, y tener más **semillas**, plantando así más árboles y creando un bosque de árboles de chocolate.

The idea is to plant the three trees in a place with more space, away from her uncles, where they can grow, expand, and produce more seeds, thus planting more trees and creating a forest of chocolate trees.

Esa noche, ella prepara todas sus herramientas y empieza a sacar uno por uno todos los árboles de sus raíces con sogas para no hacerles daño. Se sorprende **mucho** al **ver** lo sencillo que es hacer esto, **así que**, con cuidado, los hace **caer** sobre **una** carreta larga. Todo fue **muy fácil**, pero en la carreta solo cabe un árbol.

That night, she prepares all her tools and begins to pull the trees up, one by one. She carefully pulls them out from their roots with ropes so as not to harm them. She is very surprised to see how easy it is to do this, so, carefully, she makes them land on a long cart as they fall. It was all very simple, but the cart only fits one tree.

Lo importante es que no va a requerir mucho esfuerzo moverlos, porque la carreta está conectada a una bicicleta. Samantha hace tres viajes y lleva a los árboles a una colina que está lejos de su casa.

The important thing is that it won't take much effort to move them because the cart is connected to a bicycle. Samantha makes three trips and takes the trees to a hill that is far from her house.

Una vez allí, comienza a cavar un gran agujero con la ayuda de una pala, pero cuando levanta uno de los árboles para plantarlo en ese nuevo lugar, se da cuenta de que algo está mal.

Once there, she starts digging a big hole with the help of a shovel, but when she lifts one of the trees to plant it in that new place, she realizes that something is wrong.

El árbol **comienza** a **perder** su brillo, sus hojas se marchitaban al pasar cada minuto. Estos árboles son muy especiales y únicos, pero también son muy delicados. Samantha entiende que deben permanecer en su lugar original. Ellos pertenecen a su familia, ya que fue un regalo.

The tree begins to lose its glow, its leaves wilting as each minute passes. These trees are very special and unique, but they are also very delicate. Samantha knows that they should remain in their original place. They belong to her family, as they were a gift.

Ella se siente muy **mal**. Así que comienza a desenterrar el árbol, luego sujeta las sogas y saca al árbol de ese nuevo agujero. Los pone **sobre** la carreta otra vez y se va de regreso su casa.

She feels terrible. So, she starts digging up the tree, then grabs the ropes and pulls the tree out of the new hole. She puts it on the cart again and takes the trees back home.

Cuando ella **regresa**, con gran energía, hace lo necesario para devolver los árboles de chocolate a su lugar original. Una vez puestos allí, ve cómo

recuperan su color y belleza. Samantha siente cómo la **felicidad** de estos tres árboles regresa **gracias** a esto.

With great energy, she does what is necessary to return the chocolate trees to their original place. Once there, she sees how they regain their color and beauty. Samantha feels the happiness of these three trees returns because of this.

El ambiente se llena de una dulzura **increíble**. Samantha se da cuenta de que ha hecho lo correcto al devolverlos al lugar al que pertenecen. Cada árbol da una barra de chocolate muy especial y diferente.

The atmosphere is filled with incredible sweetness. Samantha realizes that she has done the right thing by returning them to where they belong; each tree drops a very special and different chocolate bar, ones that Samantha has never seen before.

Es como un símbolo de agradecimiento, así que muy en el fondo, estos árboles sienten que la intención de Samantha no era **hacer** daño. Estas barras se ven diferentes a las otras y tienen un aroma único. Al recoger las barras de chocolate y comerlas, escucha un susurro en su oído que dice: “recuérdanos”.

It was like a symbol of gratitude, so deep down, the trees knew that Samantha's intention was to do no harm. These bars look different from the others and have a unique aroma. As she picks up the chocolate bars and eats them, she hears a whisper in her ear that says, "remember us."

Resumen

Samantha es una niña que ama el chocolate. Su familia posee tres árboles muy especiales que dan barras de chocolate. Las semillas de estos árboles fueron un regalo de un duende al abuelo de Samantha por salvarle la vida. Su familia se reúne cada quince días junto con amigos y familia para disfrutar dicho manjar, pero en algunas ocasiones hay conversaciones sobre explotar los árboles que a Samantha no le gustan.

A Samantha se le ocurre una idea y decide ejecutarla, y esta consiste en mover los árboles a otro lugar, para así obtener sus semillas y plantarlas para que crezcan más árboles, y así crear un bosque de chocolate. Hace lo necesario para mover estos árboles, pero se da cuenta de que no es tan fácil. Estos árboles empiezan a morir, a pesar de que ella logra conservarlos intactos al replantarlos otra vez. Se siente muy mal y asustada, así que decide correr y devolverlos a su lugar original.

Una vez de regreso al patio de su casa, estos árboles regresan a la familia y deciden otorgarle tres barras especiales de chocolate a Samantha, pues saben que ella no tenía intención de hacerles daño de ningún tipo. Fue una experiencia inolvidable, y ellos le enviaron un mensaje: "recuérdanos".

Summary

Samantha is a little girl who loves chocolate. Her family owns three very special trees that produce chocolate bars. The seeds of these trees were a gift from a leprechaun to Samantha's grandfather, in return for saving his life. Her family gathers fortnightly with friends and family to enjoy the treat, but sometimes there are conversations about exploiting the trees. Samantha does not like this.

Samantha comes up with an idea and decides to execute it, and that is to move the trees to another location to get the tree's seeds and plant them to grow more trees, to create a chocolate forest. She does what is necessary to move the trees, but she realizes it is not working. The trees start to die, even though she manages to keep them intact by replanting them again. She feels terrible and scared, so she decides to hurry and return them to their original place.

Once back in their backyard, these trees return to the family, and they decide to give Samantha three special chocolate bars, knowing that she did not intend to harm them in any way. It was an unforgettable experience, and they sent her a message: "remember us."

Preguntas
Questions

1. **¿Cuántos árboles hay en la casa de Samantha? / How many trees are in Samantha's house?**
   a. Tres árboles.
   b. Dos árboles.
   c. Cinco árboles.

d. Ningún árbol.

2. **¿Cada cuánto se reúnen a disfrutar de las barras de chocolate? / How often do they get together to enjoy chocolate bars?**
   a. Cada semana.
   b. Cada cinco días.
   c. Cada diez días.
   d. Cada quince días.

3. **¿Qué le regalan los árboles a Samantha al regresar de su aventura? / What do the trees give Samantha when she returns from her adventure?**
   a. Una barra de chocolate especial.
   b. Tres barras de chocolate especiales.
   c. Dos barras de chocolate especiales.
   d. Ningún chocolate.

4. **¿Qué utilizó Samantha para mover los árboles hasta la colina? / What did Samantha use to move the trees up the hill?**
   a. Sogas, una carreta y una bicicleta.
   b. Chocolates, sogas y una bicicleta.
   c. Sogas, una carreta y un árbol.
   d. Ninguna de las anteriores.

5. **¿Sobre qué hablaban los tíos de Samantha cada vez que se reunían? / What did Samantha's uncles talk about whenever they got together?**
   a. Comprar las barras de chocolate.
   b. Vender las barras de chocolate.
   c. Cortar los árboles.
   d. Vender los árboles.

Respuestas

Answers

1. Tres árboles.
2. Cada quince días.
3. Tres barras de chocolate especiales.
4. Sogas, una carreta y una bicicleta.
5. Vender las barras de chocolate.

Vocabulary List

The words in this list are essential for learning the Spanish language, and for better understanding of the story. This list contains pronouns, nouns, adverbs, prepositions, among others, from the story. Some words have several meanings, so try to relate them to the context.

A veces	Sometimes
Adelante	Ahead/forward
Agua	Water
Alegre	Cheerful
Alguien	Someone
Amigos	Friends
Árboles	Trees
Así que	So
Bosques	Forests/woods
Cascada	Waterfall
Cerca	Near/close
Cuidadosamente	Carefully
Delicioso	Delicious
Demás	Others
Desiertos	Deserts
Duende	Leprechaun
Especiales	Special
Estos	These
Fácil	Easy
Felicidad	Happiness
Gigantesca	Gigantic
Gracias	Thank you
Historia	Story
Hombres	Men
Importante	Important
Increíble	Incredible
Lejana	Far
Lugar	Site

Mágicos	Magical
Mal	Bad
Más	More
Montañas	Mountains
Mucho	Much
Muy	Very
Niño	Child/kid/boy
Ojos	Eyes
Peleas	Fights
Peligro	Danger
Pelo	Hair
Pequeño	Small
Playas	Beaches
Por qué	Why
Rápidamente	Quickly
Río	River
Semillas	Seeds
Siempre	Always
Sobre	On/above
Sonido	Sound
Tíos	Uncles
Una	One/a/an
Valioso	Valuable

Verb List

These are some verbs found in the story, conjugated in the easiest verb tenses. To make it easier, we have added a translation in infinitive for each verb.

Spanish verb	Spanish verb translation	Spanish infinitive form
Caer	Fall/Drop	Caer
Caminando	Walking	Caminar
Comienza	Start/Begins	Comenzar
Comer	Eat	Comer

Comparte	Share	Compartir
Crecer	Grow	Crecer
Dan	Give	Dar
Encanta	Love	Encantar
Es	Is	Ser
HablarHablan	Talk/Speak	Hablar
Hacer	Make/Do	Hacer
Perder	Lose/miss	Perder
Quieren	They want	Querer
Recuperan	Recover/Regain	Recuperar
Regresa	Return to	Regresar
Sientan	Sit	Sentar
Tocar	Touch	Tocar
Vender	Sell	Vender
Ver	See	Ver
Vive	Live	Vivir

Personal Pronouns

Yo	I
Tú	You
Él/Ella/Usted (Ud.)	He/She/You
Nosotros	We
Ellos/Ellas/Ustedes (Uds.)	They/They/You.

Verb Conjugation

Infinitive Form	**Infinitive Translation**	**Simple Present**	**Simple Future**	**Simple Past**
Caer	Fall/ Drop	• yo caigo • tú caes • él/ ella/ Ud. cae • nosotros caemos	• yo caeré • tú caerás • él/ ella/ Ud. caerá • nosotros caeremos	• yo caí • tú caíste • él/ ella/ Ud. cayó • nosotros caímos

		• ellos/ ellas/ Uds. caen	• ellos/ ellas/ Uds. caerán	• ellos/ ellas/ Uds. cayeron
Caminar	Walk	• yo camino • tú caminas • él/ ella/ Ud. camina • nosotros caminamos • ellos/ ellas/ Uds. caminan	• yo caminaré • tú caminarás • él/ ella/ Ud. caminará • nosotros caminaremos • ellos/ ellas/ Uds. caminarán	• yo caminé • tú caminaste • él/ ella/ Ud. caminó • nosotros caminamos • ellos/ ellas/ Uds. caminaron
Comenzar	Start	• yo comienzo • tú comienzas • él/ ella/ Ud. comienza • nosotros comenzamos • ellos/ ellas/ Uds. comienzan	• yo comenzaré • tú comenzarás • él/ ella/ Ud. comenzará • nosotros comenzaremos • ellos/ ellas/ Uds. comenzarán	• yo comencé • tú comenzaste • él/ ella/ Ud. comenzó • nosotros comenzamos • ellos/ ellas/ Uds. comenzaron
Comer	Eat	• yo como • tú comes • él/ ella/ Ud. come • nosotros comemos • ellos/ ellas/ Uds. comen	• yo comeré • tú comerás • él/ ella/ Ud. comerá • nosotros comeremos • ellos/ ellas/ Uds. comerán	• yo comí • tú comiste • él/ ella/ Ud. comió • nosotros comimos • ellos/ ellas/ Uds. comieron
Compartir	Share	• yo comparto • tú compartes • él/ ella/ Ud. comparte • nosotros compartimos • ellos/ ellas/ Uds. comparten	• yo compartiré • tú compartirás • él/ ella/ Ud. compartirá • nosotros compartiremos • ellos/ ellas/ Uds. compartirán	• yo compartí • tú compartiste • él/ ella/ Ud. compartió • nosotros compartimos • ellos/ ellas/ Uds. compartieron

Crecer	Grow	• yo crezco • tú creces • él/ ella/ Ud. crece • nosotros crecemos • ellos/ ellas/ Uds. crecen	• yo creceré • tú crecerás • él/ ella/ Ud. crecerá • nosotros creceremos • ellos/ ellas/ Uds. crecerán	• yo crecí • tú creciste • él/ ella/ Ud. creció • nosotros crecimos • ellos/ ellas/ Uds. crecieron
Dar	Give	• yo doy • tú das • él/ ella/ Ud. da • nosotros damos • ellos/ ellas/ Uds. dan	• yo daré • tú darás • él/ ella/ Ud. dará • nosotros daremos • ellos/ ellas/ Uds. darán	• yo di • tú diste • él/ ella/ Ud. dio • nosotros dimos • ellos/ ellas/ Uds. dieron
Encantar	Love	• yo encanto • tú encantas • él/ ella/ Ud. encanta • nosotros encantamos • ellos/ ellas/ Uds. encantan	• yo encantaré • tú encantarás • él/ ella/ Ud. encantará • nosotros encantaremos • ellos/ ellas/ Uds. encantarán	• yo encanté • tú encantaste • él/ ella/ Ud. encantó • nosotros encantamos • ellos/ ellas/ Uds. encantaron
Hablar	Talk/ Speak	• yo hablo • tú hablas • él/ ella/ Ud. habla • nosotros hablamos • ellos/ ellas/ Uds. hablan	• yo hablaré • tú hablarás • él/ ella/ Ud. hablará • nosotros hablaremos • ellos/ ellas/ Uds. hablarán	• yo hablé • tú hablaste • él/ ella/ Ud. habló • nosotros hablamos • ellos/ ellas/ Uds. hablaron
Hacer	Make/ Do	• yo hago • tú haces • él/ ella/ Ud. hace	• yo haré • tú harás • él/ ella/ Ud. hará	• yo hice • tú hiciste • él/ ella/ Ud. hizo

		• nosotros hacemos • ellos/ ellas/ Uds. hacen	• nosotros haremos • ellos/ ellas/ Uds. harán	• nosotros hicimos • ellos/ ellas/ Uds. hicieron
Perder	Lose	• yo pierdo • tú pierdes • él/ ella/ Ud. pierde • nosotros perdemos • ellos/ ellas/ Uds. pierden	• yo perderé • tú perderás • él/ ella/ Ud. perderá • nosotros perderemos • ellos/ ellas/ Uds. perderán	• yo perdí • tú perdiste • él/ ella/ Ud. perdió • nosotros perdimos • ellos/ ellas/ Uds. perdieron
Querer	Want/ Like	• yo quiero • tú quieres • él/ ella/ Ud. quiere • nosotros queremos • ellos/ ellas/ Uds. quieren	• yo querré • tú querrás • él/ ella/ Ud. querrá • nosotros querremos • ellos/ ellas/ Uds. querrán	• yo quise • tú quisiste • él/ ella/ Ud. quiso • nosotros quisimos • ellos/ ellas/ Uds. quisieron
Recupera r	Recover	• yo recupero • tú recuperas • él/ ella/ Ud. recupera • nosotros recuperamos • ellos/ ellas/ Uds. recuperan	• yo recuperaré • tú recuperarás • él/ ella/ Ud. recuperará • nosotros recuperaremos • ellos/ ellas/ Uds. recuperarán	• yo recuperé • tú recuperaste • él/ ella/ Ud. recuperó • nosotros recuperamos • ellos/ ellas/ Uds. recuperaron
Regresar	Return	• yo regreso • tú regresas • él/ ella/ Ud. regresa • nosotros regresamos • ellos/ ellas/ Uds. regresan	• yo regresaré • tú regresarás • él/ ella/ Ud. regresará • nosotros regresaremos • ellos/ ellas/ Uds. regresarán	• yo regresé • tú regresaste • él/ ella/ Ud. regresó • nosotros regresamos • ellos/ ellas/ Uds. regresaron

Sentar	Sit	• yo siento • tú sientas • él/ ella/ Ud. sienta • nosotros sentamos • ellos/ ellas/ Uds. sientan	• yo sentaré • tú sentarás • él/ ella/ Ud. sentará • nosotros sentaremos • ellos/ ellas/ Uds. sentarán	• yo senté • tú sentaste • él/ ella/ Ud. sentó • nosotros sentamos • ellos/ ellas/ Uds. sentaron
Ser	Be	• yo soy • tú eres • él/ ella/ Ud. es • nosotros somos • ellos/ ellas/ Uds. son	• yo seré • tú serás • él/ ella/ Ud. será • nosotros seremos • ellos/ ellas/ Uds. serán	• yo fui • tú fuiste • él/ ella/ Ud. fue • nosotros fuimos • ellos/ ellas/ Uds. fueron
Tocar	Touch	• yo toco • tú tocas • él/ ella/ Ud. toca • nosotros tocamos • ellos/ ellas/ Uds. tocan	• yo tocaré • tú tocarás • él/ ella/ Ud. tocará • nosotros tocaremos • ellos/ ellas/ Uds. tocarán	• yo toqué • tú tocaste • él/ ella/ Ud. tocó • nosotros tocamos • ellos/ ellas/ Uds. tocaron
Vender	Sell	• yo vendo • tú vendes • él/ ella/ Ud. vende • nosotros vendemos • ellos/ ellas/ Uds. venden	• yo venderé • tú venderás • él/ ella/ Ud. venderá • nosotros venderemos • ellos/ ellas/ Uds. venderán	• yo vendí • tú vendiste • él/ ella/ Ud. vendió • nosotros vendimos • ellos/ ellas/ Uds. vendieron
Ver	See	• yo veo • tú ves • él/ ella/ Ud. ve • nosotros vemos	• yo veré • tú verás • él/ ella/ Ud. verá • nosotros veremos	• yo vi • tú viste • él/ ella/ Ud. vio • nosotros vimos

		• ellos/ ellas/ Uds. ven	• ellos/ ellas/ Uds. verán	• ellos/ ellas/ Uds. vieron
Vivir	Live	• yo vivo • tú vives • él/ ella/ Ud. vive • nosotros vivimos • ellos/ ellas/ Uds. viven	• yo viviré • tú vivirás • él/ ella/ Ud. vivirá • nosotros viviremos • ellos/ ellas/ Uds. vivirán	• yo viví • tú viviste • él/ ella/ Ud. vivió • nosotros vivimos • ellos/ ellas/ Uds. vivieron

Chapter 2:

La viajera
The Traveler

Amanda es una **chica** que va a **terminar** la **preparatoria** en unos meses. Sus **asignaturas** favoritas son **física** y **matemáticas**, pero también **ama** las **estrellas**, los **planetas**, el **espacio**, las **nebulosas**, y **galaxias**. Es la **líder** del Club del **Cosmos**, un sitio en el que muchos **estudiantes** comparten **gustos** en común, para así **expandir** su **conocimiento** sobre el **universo**.

Amanda is a girl who will be finishing high school in a few months. Her favorite courses are physics and math, but she also loves the stars, planets, space, nebulae, and galaxies. She is the Cosmos Club leader, a place where many students with common interests meet to expand their knowledge about the universe.

Amanda se considera una persona tranquila y que respira lentamente antes de **responder** cualquier cosa. Sus amigos cuentan con ella cuando **necesitan** ser escuchados, y de algún modo ella siempre les corresponde de la manera más **empática** y **dulce** posible. Es una chica muy reservada e inteligente. A su vez, ha **logrado** tener las máximas **calificaciones** de la **institución,** y esto llegó a los **oídos** de un representante de la NASA.

Amanda considers herself a calm person who takes slow breaths before answering any question. Her friends count on her when they need to be heard, and somehow she always reciprocates in the most empathetic and sweetest way possible. She is a very quiet and intelligent girl. She has also achieved the highest grades in the institution, news which has reached a NASA representative's ears.

Gavin es un **ingeniero** que **trabaja** para la NASA. Él **ayudó** a fundar la preparatoria donde Amanda estudia. Luego de escuchar sobre ella y su amor por la **ciencia**, decide, junto a su **equipo** de trabajo, **invitar** a Amanda para un recorrido por las instalaciones principales. El día llega y Amanda se lo pasa genial.

Gavin is an engineer who works for NASA. He helped found the high school where Amanda studies. After hearing about her and her love of science, he decides, along with his crew, to invite Amanda for a tour of the main facilities. The day arrives, and Amanda has an amazing time.

Su **curiosidad** y entusiasmo es tal, que deciden revelar el verdadero motivo de su visita: Amanda ha sido elegida como parte de la **tripulación** del siguiente **viaje** a **Marte**. Ella simplemente no lo puede **creer**. Gavin se acerca a ella y le dice:

Her curiosity and excitement are such that they decide to reveal the real reason for her visit: Amanda has been chosen as part of the crew for the next trip to Mars. She just can't believe it. Gavin approaches her and says:

- **Gavin:** Amanda, tu **pasión** y curiosidad por la ciencia nos inspira, así que nos dedicamos a estudiar tu perfil y pudimos observar que tienes calificaciones excelentes. Para nosotros sería un gusto muy **grande** incluirte en el equipo.
- **Amanda:** No sé qué decir, la emoción que siento es muy grande y es uno de mis sueños desde niña. De verdad, gracias.
- **Gavin:** Por favor, habla con tus papás y nos das tu respuesta definitiva, ¿está bien?

- ***Gavin**: Amanda, your passion and curiosity for science inspires us, so we studied your profile and noticed that you have excellent grades. It would be a great pleasure for us to include you in the team.*

- ***Amanda**: I don't know what to say, I am so excited, and it has been one of my dreams since I was a child. Thank you very much indeed.*
- ***Gavin**: Please talk to your parents and give us your final answer, okay?*

Esa misma tarde, Amanda regresa a casa y le cuenta a su familia sobre la **invitación**. Sus padres se emocionan mucho y la apoyan. Ambos firman los **papeles** y permisos para su viaje y lo celebran.

Later that evening, Amanda returns home and tells her family about the invitation. Her parents are very excited and supportive. They both sign the papers and authorizations for her trip, and they all celebrate the great news.

El tiempo de **espera** antes del viaje es de seis meses, en los cuales Amanda **aprueba** los exámenes pertinentes de forma exitosa. En ese **tiempo**, también es invitada a varias partes del país para dar charlas y entrevistas. Ella es de los miembros más jóvenes de la NASA en participar en una misión a otro planeta. Hasta el momento, se han **realizado** tres **aterrizajes** en Marte, y ahora es el turno de ella.

The waiting period before the trip is six months, during which time Amanda successfully passes the relevant exams. Over this period she is also invited to various parts of the country to give talks and interviews. She is among the youngest members of NASA to participate in a mission to another planet. So far, three landings have been made on Mars, and now it is her turn.

El gran día llega y Amanda **entra** a las instalaciones de la NASA donde se hará el despegue. Allí puede **observar** muchas **máquinas** y **tecnología**, así como el grandioso personal que se encarga de que todo funcione. Se **reúne** con el resto de la tripulación, se ponen sus **trajes,** y el personal de apoyo ayuda a que todo esté en orden. Abordan el cohete espacial y cada uno ingresa a sus puestos. Al cabo de unos momentos, el equipo encargado de los **controles** les da el aviso, pues el **conteo** regresivo comienza pronto.

The big day arrives, and Amanda enters the NASA facility where the lift-off will take place. There she can observe many machines and much technology, and all the amazing staff making sure that everything works perfectly. They meet with the rest of the crew, suit up, and the support personnel ensures that everything is in order. They board the space rocket, and everyone enters their stations. After a few moments, the control team gives them a warning, as the countdown will start soon.

El viaje dura unos sesenta días, mucho menos que los viajes anteriores. Afortunadamente, la nave cuenta con **cápsulas** donde la tripulación puede **dormir** durante varios días sin ningún problema. Solamente se despiertan para realizar **operaciones** necesarias para la nave. Este es el año 2038, así que nuestra tecnología **avanza** muy rápido. Todavía no hay **personas** en otros planetas aparte de Marte, pero pronto podremos ir aún más lejos. Uno de los sueños más grandes de Amanda era ser **astronauta** y viajar al espacio, así como también ver los **anillos** de Saturno en vivo y en directo.

The trip lasts about sixty days, a shorter voyage than previous trips. Fortunately, the ship has capsules where the crew can sleep for several days without any problems. They only wake up to perform necessary operations for the spaceship. This is the year 2038, so our technology is advancing very fast. There are still no people on planets other than Mars, but soon we will be able to go even further. One of Amanda's biggest dreams was to be an astronaut and travel into space, as well as to see Saturn's rings up close.

Queda muy poco para la llegada. Este es un día muy emocionante para Amanda, pues desde el momento en que se subió a la nave no se lo ha podido creer. La **Tierra** tan solo parece un **pequeño** punto brillante en el firmamento. En su casa, siempre que tiene la oportunidad, se sienta con su telescopio a observar el cielo nocturno. Es una de sus actividades favoritas, y la acción que reafirma su amor por la ciencia y el universo.

There is just a little time left before they arrive on Mars. This is a very exciting day for Amanda, she just couldn't believe it was really happening, from the moment she got on the ship. The Earth just looks like a small bright spot in outer space. At home, whenever she has the opportunity, she sits with her telescope to observe the night sky. It is one of her favorite activities, and the action that reaffirms her love for science and the universe.

El aterrizaje es un **éxito** total. Cada miembro de la tripulación se pone su traje espacial, se **aseguran** de que todo está en orden y se preparan para salir de la nave. Todos se abrazan y se felicitan, pues fue un viaje espacial muy duro debido a las **condiciones** allí fuera.

The landing is a complete success. Each crew member puts on their spacesuit, makes sure everything is in order, and prepares to exit the spacecraft. Everyone hugs and congratulates each other, as it was an arduous space trip due to the adverse conditions encountered on the way.

Amanda es la primera en pisar tierra firme. Ver la famosa tierra **rojiza** de la que todos hablan desde que era una niña pequeña es alucinante. La nave aterriza en un lugar donde puede verse el Olympus Mons, el volcán más grande del sistema solar.

Amanda is the first to set foot on solid ground. Seeing the famous reddish soil that everyone has been talking about since she was a little girl, is incredible. The ship lands in an area where Olympus Mons, the largest volcano in the solar system, can be seen.

Las formaciones montañosas, el color rojizo, el cielo con un tono blanquecino y los cráteres, le dan un aspecto único e inigualable. Es un suelo **extraterrestre**, después de todo. La temperatura **promedio** es de -55° centígrados, mucho más frío de lo que se puede encontrar en la Tierra. Gracias a los avances de la ingeniería, los astronautas **cuentan** con unos trajes adecuados para soportar dicha temperatura, y aun así Amanda puede sentir mucho frío. Está tan emocionada e impactada que se queda atrás, mientras que los demás siguen adelante, pero Cyrila, la bióloga de la tripulación, se percata de esto y se acerca a Amanda.

The mountain formations, the reddish color, the sky with a tone of white, and the craters, give it a unique and unequaled appearance. It is extraterrestrial soil, after all. The average temperature is -55° Celsius, much colder than ever experienced on Earth. Thanks to engineering advances, the astronauts have suits suitable to withstand such a temperature, yet Amanda still feels very cold. She is so excited and in awe, that she stays behind while the others move on, but Cyrila, the crew's biologist, notices this and approaches Amanda.

- **Cyrila:** Veo que estás tan emocionada como yo, ¿verdad?
- **Amanda:** Lamento mucho haberme quedado atrás. Aún creo que estoy dentro de un sueño.
- **Cyrila:** ¡Totalmente! Una parte de mí siente que todavía estoy dentro de la cápsula de hibernación. Más allá del valor científico y de **investigación**, esta es una experiencia de otro planeta, literalmente.

- **Amanda:** (Risas) Ahora me siento mucho más tranquila. Necesitaba deshacerme de tantas cosas que estaba sintiendo. Jamás pensé que pudiera estar tan lejos de casa, pero esto es incomparable. Soy muy afortunada.
- **Cyrila:** Nuestras vidas no volverán a ser las mismas a partir de hoy, y es un gusto muy grande saber que estás en nuestro equipo. Ver a una chica tan joven y apasionada por esto es algo que nos inspira a todos nosotros, así que, en el nombre de la tripulación, ¡GRACIAS!

- ***Cyrila**: I see you're as excited as I am, right?*
- ***Amanda**:* I'm so sorry for lagging behind. I still think I'm in a dream.
- ***Cyrila**: Totally! Part of me feels like I'm still inside the hibernation capsule. Beyond the scientific and research value, this is an experience from another planet, literally.*
- ***Amanda**: (laughs) I feel so much calmer now. I needed to put aside so many things that I was feeling. I never thought I could be so far away from home, but this is incomparable. I am very fortunate.*
- ***Cyrila:** Our lives will never be the same after today, and it is a great pleasure to know that you are on our team. To see a girl so young and passionate about this is something that inspires all of us, so on behalf of the crew, THANK YOU!*

Los demás ya se alejaron **bastante**, pero Amanda y Cyrila se toman su tiempo antes de entrar a la base y conocer al resto de las personas, aquellas pertenecientes a las **misiones** previas que ahora habitan el planeta.

The others are already far away, but Amanda and Cyrila take their time before entering the base and meeting the rest of the people, those from previous missions that now inhabit the planet.

Resumen

Amanda es una estudiante sobresaliente en su preparatoria, que también es amante de la astronomía. Un ingeniero de la NASA, al escuchar su historia, se emociona y decide ir a conocerla. Su nombre es Gavin y él fue unos de los fundadores de la preparatoria donde estudia Amanda. Gavin y su equipo la invitan a visitar las instalaciones de la NASA. Lo que Amanda no se esperaba era que esto no era un simple recorrido; era una invitación para ser una tripulante para el siguiente viaje de la NASA. Con el permiso de sus padres, Amanda se entrena por un tiempo, y luego de varios meses está lista para comenzar su viaje como astronauta. El viaje es largo, pero al final logran aterrizar con éxito. Amanda queda fascinada con el paisaje, y descubre que su viaje recién comienza.

Summary

Amanda is an outstanding student at her high school, who also loves astronomy. Upon hearing her story, a NASA engineer gets excited and decides to meet her. His name is Gavin, and he was one of the founders of the high school where Amanda studies. Gavin and his team invite her to visit the NASA facilities. Amanda didn't know that this wasn't just a simple tour; but this was actually an invitation to be a crew member for the next NASA trip. With her parents' approval, Amanda trains for a while, and after several months, she is ready to begin her journey as an astronaut. The trip is long, but they finally land successfully. Amanda is fascinated by the landscape, discovering that her journey has just begun.

Preguntas
Questions

1. **¿Cuáles son las materias favoritas de Amanda? / What are Amanda's favorite subjects?**
   a. Física y matemáticas.
   b. Historia y geografía.
   c. Química y biología.
   d. Música y culinaria.

2. **¿Qué dijeron los padres de Amanda sobre el viaje a Marte? / What did Amanda's parents say about the journey to Mars?**
   a. Se asustaron mucho.
   b. Lo rechazaron la primera vez.
   c. Lo aceptaron de buena manera.
   d. Amanda lo mantuvo en secreto.
3. **¿Cuánto duró el viaje de Amanda? / How long was Amanda's journey?**
   a. Sesenta días.
   b. Seis meses.
   c. Cuatro semanas.
   d. Veinte noches y veinte días.
4. **¿Cómo se llama el volcán más grande del Sistema Solar? / What is the name of the largest volcano in the Solar System?**
   a. Olympus Mons.
   b. Cajón de Maipo.
   c. Monte Fuji.
   d. Etna.
5. **¿Quién invitó a Amanda a la NASA? / Who invited Amanda to NASA?**
   a. Cyrila.
   b. Su primo Gerardo.
   c. Gavin.
   d. El director de la preparatoria.

Respuestas

Answers

1. Física y matemáticas.
2. Lo aceptan de buena manera.
3. Sesenta días.
4. Olympus Mons.
5. Gavin.

Vocabulary List

The words in this list are essential for learning the Spanish language, and for better understanding the story. This list contains pronouns, adjectives, nouns, adverbs, prepositions, among others from the story. Some words have several meanings, so try to relate them according to the context.

Anillos	Rings
Asignaturas	Courses
Astronauta	Astronaut
Aterrizajes	Landings
Bastante	A lot/Quite
Calificaciones	Grades
Cápsulas	Capsules
Chica	Girl
Ciencia	Science
Condiciones	Conditions
Conocimiento	Knowledge
Conteo	Count
Controles	Controls
Cosmos	Cosmos
Curiosidad	Curiosity
Dulce	Sweet
Empática	Empathetic
Equipo	Equipment/Team/Crew
Espacio	Space
Estrellas	Stars
Estudiantes	Students
Éxito	Success
Extraterrestre	Extraterrestrial
Física	Physics
Galaxias	Galaxies
Grande	Big

Gustos	Tastes
Ingeniero	Engineer
Institución	Institution
Investigación	Research
Invitación	Invitation
Máquinas	Machines
Marte	Mars
Matemáticas	Mathematics
Misiones	Missions
Nebulosas	Nebulae
Líder	Leader
Oídos	Ears
Operaciones	Operations
Papeles	Papers
Pasión	Passion
Pequeño	Small
Personas	People
Planetas	Planets
Preparatoria	High School
Promedio	Average
Rojiza	Reddish
Tecnología	Technology
Tiempo	Time
Tierra	Earth
Trajes	Suits
Tripulación	Crew
Universo	Universe
Viaje	Travel

Verb List

These are some verbs found in the story, conjugated in the easiest verb tenses. To make it easier, we have added a translation in infinitive for each verb.

Spanish verb	Spanish verb translation	Spanish infinitive form
Ama	Love	Amar
Aprueba	Approves	Aprobar
Aseguran	Assure	Asegurar
Avanza	Advance/Move forward/Progress	Avanzar
Ayudó	Helped	Ayudar
Creer	Believe	Creer
Cuentan	Count	Contar
Dormir	Sleep	Dormir
Entrar	Enter	Entrar
Expandir	Expand	Expandir
Invitar	Invite	Invitar
Logrado	Achieved	Lograr
Necesitan	Need	Necesitar
Observar	Watch	Observar
Realizado	Realized	Realizar
Responder	Reply	Responder
Reúne	Meet/Gather	Reunir
Terminar	End/Finish	Terminar
Trabaja	Work	Trabajar

Personal Pronouns

Yo	I
Tú	You
Él/Ella/Usted (Ud.)	He/She/You
Nosotros	We
Ellos/Ellas/Ustedes (Uds.)	They/They/You.

Verb Conjugation

Infinitive Form	Infinitive Translation	Simple Present	Simple Future	Simple Past
Amar	Love	• yo amo • tú amas • él/ ella/ Ud. ama • nosotros amamos • ellos/ ellas/ Uds. aman	• yo amaré • tú amarás • él/ ella/ Ud. amará • nosotros amaremos • ellos/ ellas/ Uds. amarán	• yo amé • tú amaste • él/ ella/ Ud. amó • nosotros amamos • ellos/ ellas/ Uds. amaron
Aprobar	Approve	• yo apruebo • tú apruebas • él/ ella/ Ud. aprueba • nosotros aprobamos • ellos/ ellas/ Uds. aprueban	• yo aprobaré • tú aprobarás • él/ ella/ Ud. aprobará • nosotros aprobaremos • ellos/ ellas/ Uds. aprobarán	• yo aprobé • tú aprobaste • él/ ella/ Ud. aprobó • nosotros aprobamos • ellos/ ellas/ Uds. aprobaron
Asegurar	Secure	• yo aseguro • tú aseguras • él/ ella/ Ud. asegura • nosotros aseguramos • ellos/ ellas/ Uds. aseguran	• yo aseguraré • tú asegurarás • él/ ella/ Ud. asegurará • nosotros aseguraremos • ellos/ ellas/ Uds. asegurarán	• yo aseguré • tú aseguraste • él/ ella/ Ud. aseguró • nosotros aseguramos • ellos/ ellas/ Uds. aseguraron
Avanzar	Advance/ move forward/ progress	• yo avanzo • tú avanzas • él/ ella/ Ud. avanza • nosotros avanzamos • ellos/ ellas/ Uds. avanzan	• yo avanzaré • tú avanzarás • él/ ella/ Ud. avanzará • nosotros avanzaremos • ellos/ ellas/ Uds. avanzarán	• yo avancé • tú avanzaste • él/ ella/ Ud. avanzó • nosotros avanzamos • ellos/ ellas/ Uds. avanzaron

Ayudar	Help	• yo ayudo • tú ayudas • él/ ella/ Ud. ayuda • nosotros ayudamos • ellos/ ellas/ Uds. ayudan	• yo ayudaré • tú ayudarás • él/ ella/ Ud. ayudará • nosotros ayudaremos • ellos/ ellas/ Uds. ayudarán	• yo ayudé • tú ayudaste • él/ ella/ Ud. ayudó • nosotros ayudamos • ellos/ ellas/ Uds. ayudaron
Contar	Count	• yo cuento • tú cuentas • él/ ella/ Ud. cuenta • nosotros contamos • ellos/ ellas/ Uds. cuentan	• yo contaré • tú contarás • él/ ella/ Ud. contará • nosotros contaremos • ellos/ ellas/ Uds. contarán	• yo conté • tú contaste • él/ ella/ Ud. contó • nosotros contamos • ellos/ ellas/ Uds. contaron
Creer	Believe	• yo creo • tú crees • él/ ella/ Ud. cree • nosotros creemos • ellos/ ellas/ Uds. creen	• yo creeré • tú creerás • él/ ella/ Ud. creerá • nosotros creeremos • ellos/ ellas/ Uds. creerán	• yo creí • tú creíste • él/ ella/ Ud. creyó • nosotros creímos • ellos/ ellas/ Uds. creyeron
Dormir	Sleep	• yo duermo • tú duermes • él/ ella/ Ud. duerme • nosotros dormimos • ellos/ ellas/ Uds. duermen	• yo dormiré • tú dormirás • él/ ella/ Ud. dormirá • nosotros dormiremos • ellos/ ellas/ Uds. dormirán	• yo dormí • tú dormiste • él/ ella/ Ud. durmió • nosotros dormimos • ellos/ ellas/ Uds. durmieron
Entrar	Enter	• yo entro • tú entras • él/ ella/ Ud. entra	• yo entraré • tú entrarás • él/ ella/ Ud. entrará	• yo entré • tú entraste • él/ ella/ Ud. entró

		• nosotros entramos • ellos/ ellas/ Uds. entran	• nosotros entraremos • ellos/ ellas/ Uds. entrarán	• nosotros entramos • ellos/ ellas/ Uds. entraron
Expandir	Expand	• yo expando • tú expandes • él/ ella/ Ud. expande • nosotros expandimos • ellos/ ellas/ Uds. expanden	• yo expandiré • tú expandirás • él/ ella/ Ud. expandirá • nosotros expandiremos • ellos/ ellas/ Uds. expandirán	• yo expandí • tú expandiste • él/ ella/ Ud. expandió • nosotros expandimos • ellos/ ellas/ Uds. expandieron
Invitar	Invite	• yo invito • tú invitas • él/ ella/ Ud. invita • nosotros invitamos • ellos/ ellas/ Uds. invitan	• yo invitaré • tú invitarás • él/ ella/ Ud. invitará • nosotros invitaremos • ellos/ ellas/ Uds. invitarán	• yo invité • tú invitaste • él/ ella/ Ud. invitó • nosotros invitamos • ellos/ ellas/ Uds. invitaron
Lograr	Achieve	• yo logro • tú logras • él/ ella/ Ud. logra • nosotros logramos • ellos/ ellas/ Uds. logran	• yo lograré • tú lograrás • él/ ella/ Ud. logrará • nosotros lograremos • ellos/ ellas/ Uds. lograrán	• yo logré • tú lograste • él/ ella/ Ud. logró • nosotros logramos • ellos/ ellas/ Uds. lograron
Necesitar	Need	• yo necesito • tú necesitas • él/ ella/ Ud. necesita • nosotros necesitamos • ellos/ ellas/ Uds. necesitan	• yo necesitaré • tú necesitarás • él/ ella/ Ud. necesitará • nosotros necesitaremos • ellos/ ellas/ Uds. necesitarán	• yo necesité • tú necesitaste • él/ ella/ Ud. necesitó • nosotros necesitamos

				• ellos/ ellas/ Uds. necesitaron
Observar	Watch	• yo observo • tú observas • él/ ella/ Ud. observa • nosotros observamos • ellos/ ellas/ Uds. observan	• yo observaré • tú observarás • él/ ella/ Ud. observará • nosotros observaremos • ellos/ ellas/ Uds. observarán	• yo observé • tú observaste • él/ ella/ Ud. observó • nosotros observamos • ellos/ ellas/ Uds. observaron
Realizar	Make	• yo realizo • tú realizas • él/ ella/ Ud. realiza • nosotros realizamos • ellos/ ellas/ Uds. realizan	• yo realizaré • tú realizarás • él/ ella/ Ud. realizará • nosotros realizaremos • ellos/ ellas/ Uds. realizarán	• yo realicé • tú realizaste • él/ ella/ Ud. realizó • nosotros realizamos • ellos/ ellas/ Uds. realizaron
Responder	Reply	• yo respondo • tú respondes • él/ ella/ Ud. responde • nosotros respondemos • ellos/ ellas/ Uds. responden	• yo responderé • tú responderás • él/ ella/ Ud. responderá • nosotros responderemos • ellos/ ellas/ Uds. responderán	• yo respondí • tú respondiste • él/ ella/ Ud. respondió • nosotros respondimos • ellos/ ellas/ Uds. respondieron
Reunir	Meet/ gather	• yo reúno • tú reúnes • él/ ella/ Ud. reúne • nosotros reunimos • ellos/ ellas/ Uds. reúnen	• yo reuniré • tú reunirás • él/ ella/ Ud. reunirá • nosotros reuniremos • ellos/ ellas/ Uds. reunirán	• yo reuní • tú reuniste • él/ ella/ Ud. reunió • nosotros reunimos • ellos/ ellas/ Uds. reunieron

Terminar	End/ finish	• yo termino • tú terminas • él/ ella/ Ud. termina • nosotros terminamos • ellos/ ellas/ Uds. terminan	• yo terminaré • tú terminarás • él/ ella/ Ud. terminará • nosotros terminaremos • ellos/ ellas/ Uds. terminarán	• yo terminé • tú terminaste • él/ ella/ Ud. terminó • nosotros terminamos • ellos/ ellas/ Uds. terminaron
Trabajar	Work	• yo trabajo • tú trabajas • él/ ella/ Ud. trabaja • nosotros trabajamos • ellos/ ellas/ Uds. trabajan	• yo trabajaré • tú trabajarás • él/ ella/ Ud. trabajará • nosotros trabajaremos • ellos/ ellas/ Uds. trabajarán	• yo trabajé • tú trabajaste • él/ ella/ Ud. trabajó • nosotros trabajamos • ellos/ ellas/ Uds. trabajaron

Chapter 3:

El viaje a Bogotá
The Trip to Bogotá

Nathan es un **joven londinense** de 16 años que vive con su tía, y que disfruta mucho estudiar. Saca buenas notas en cada asignatura y, luego de sus **jornadas,** ayuda en la tienda de la **familia**. Allí venden todo tipo de **alimentos** y **golosinas**, pero él no es muy fan de las cosas dulces.

Nathan is a 16-year-old Londoner who lives with his aunt, and really enjoys studying. He gets good grades in every course, and helps out in the family store after school. They sell all kinds of food and candies, but Nathan is not a big fan of sweet things.

Un día, decide **visitar** el salón de español de su **escuela**, y aplicar por una beca para viajar a Colombia y **aprender** el **idioma** allá mismo. Enseguida llena el **formulario** y lo introduce en la **caja** junto con los demás. La idea de **viajar** a otro país le parece emocionante y a la vez **desafiante**.

One day, he decides to visit the Spanish classroom at his school, and apply for a scholarship to travel to Colombia and learn the language there. He immediately fills out the form and puts it in the box along with the others. The idea of traveling to another country seems exciting and challenging at the same time.

El español es, precisamente, una de sus **debilidades**. En algunas ocasiones, se queda trabado mientras habla, y tiene que revisar sus **apuntes** para poder comunicarse. La idea de hablar con personas **nativas** le causa una gran **ansiedad** y **estrés**.

Spanish is certainly one of his weak points. Sometimes he stutters while speaking, and has to check his notes to communicate. The idea of talking to native speakers causes him great anxiety and stress.

Varios días después, sale de clases y se va a la **tienda**, pues tiene que estar **detrás** de la **caja registradora** hasta las 7:00 p.m. ese día. **Durante** la **tarde atiende clientes**, y también recibe la visita de dos compañeros de clases.

Several days later, he gets out of class and goes to the store, because he has to work at the cash register until 7:00 pm. that day. During the afternoon, he serves customers, and also receives a visit from two classmates.

De repente, **llega** el **cartero** a **entregar** la correspondencia de su casa. Entre los sobres, hay una **carta** dirigida a él, así que la abre y se lleva la sorpresa de que es el elegido para la beca en Colombia. Enseguida sube corriendo a su casa para contarle a su tía.

Suddenly, the mailman arrives to deliver the mail for his house. Among the envelopes is a letter addressed to him, so he opens it and is surprised to find out that he has been chosen for the scholarship in Colombia. He immediately runs up to his house to tell his aunt.

- **Nathan:** ¡Tía Mary! ¡He sido elegido para la **beca** en Colombia!
- **Mary:** ¿De verdad? ¡Qué maravilla! ¿Me la muestras?
- **Nathan:** Pensé que se la darían a otros estudiantes **mejor** preparados en el idioma, así que estoy bastante sorprendido.
- **Mary:** No te preocupes. Vas a **aprender** mucho allá. Lo más importante es que disfrutes de todo lo que eso te trae. Te apoyo en este **nuevo** episodio de tu vida. Supongo que vas a practicar aún más desde **ahora**.
- **Nathan:** Sé algunas cosas básicas, pero sí necesito practicar un poco más. Regreso a la tienda ya mismo para tranquilizarme un poco.

- ***Nathan****: Aunt Mary, I've been chosen for the scholarship in Colombia!*

- ***Mary**: Really? How wonderful! Show me your letter!*
- ***Nathan**: I thought they would give it to other students with greater ability in the language, so I'm quite surprised.*
- ***Mary**: Don't worry. You're going to learn a lot there. The most important thing is that you enjoy everything this experience brings you. I support you in this new chapter of your life. I guess you are going to practice even more from now on.*
- ***Nathan**: I know the basics, but I do need to practice some more. I'm going back to the store right now to calm down a bit.*

Nathan no conoce Latinoamérica, ni tampoco tiene experiencia con personas nativas de habla española, así que es todo un **reto**. Tiene exactamente un **mes** para prepararse, organizar sus actividades y **practicar**.

Nathan does not know Latin America, nor does he have any experience with native Spanish speakers, so it is quite challenging for him. He has exactly one month to prepare, organize his activities, and practice.

Luego de un mes, Nathan no pudo practicar mucho. Ha estado bastante **ansioso** por el viaje, así que decide vivir la experiencia de forma espontánea. Deja los **libros** a un lado y se encarga de arreglar sus **maletas** con tiempo.

A month later and Nathan has not been able to practice much. He has been quite anxious about the trip, so he decides to live the experience spontaneously. He puts the books aside and packs his luggage so he's all ready, well in advance.

El gran día llega. Se despide de su familia, y luego de unas **horas** de viaje, el **avión** aterriza en el Aeropuerto **Internacional** El Dorado en Bogotá. Cuando baja del avión, recoge su equipaje, y una persona lo **espera** con un cartel con su **nombre** en sus manos.

The big day arrives. He says goodbye to his family, and after a few hours of travel, the plane lands at El Dorado International Airport in Bogota. Once he gets off the plane, he picks up his luggage, and sees a person waiting for him, holding a sign with his name on it.

- **Camilo:** ¡Hola, Nathan! Es un placer recibirte. Mi nombre es Camilo.
- **Nathan:** ¡Hola, Camilo! ¿Lo **pronuncio bien**?

- **Camilo:** Así es. Hay un taxi esperándonos para llevarte a tu **dormitorio** en el colegio.

- ***Camilo***: *Hello, Nathan! It's a pleasure to meet you. My name is Camilo.*
- ***Nathan***: *Hello, Camilo! Am I pronouncing that correctly?*
- ***Camilo***: *Yes, there's a cab waiting to take you to your dormitory at school.*

Ambos **salen** del aeropuerto y se suben a un taxi contratado por el colegio que lo va a recibir. Una vez allí, Camilo se despide y le dice que **mañana** lo pasará a buscar para darle un recorrido. Se despide y Nathan se queda **solo** en la **habitación**, así que procede a dejar las maletas a un lado y **descansar**.

They both leave the airport and get into a cab hired by the school that he will be attending. Once there, Camilo shows Nathan to his dorm, then says goodbye and tells him that he will pick him up tomorrow to give him a tour. After Camilo leaves, Nathan is left alone, so he puts his luggage aside and rests.

Luego de un rato, se sienta a mirar por la **ventana** de su dormitorio. Ve la gente caminar y vivir su día a día **tranquilamente**. Ve niños **jugando** en una esquina y una pareja sentada en un café al otro lado de la calle. Ve ancianos hablar y **leer** el periódico, y tres monjas esperando el TransMilenio. "La verdad es que no se ve tan mal", **piensa**. Decide salir a la calle a tomar aire fresco.

After a while, he sits down to look out of his bedroom window. He sees people walking, and calmly going about their daily lives. He sees children playing on a street corner and a couple sitting in a café across the road. He sees older people talking and reading the newspaper, and three nuns waiting for the TransMilenio. "Actually, it doesn't look so bad," he thinks. He decides to go outside for some fresh air.

Mientras baja por el ascensor, siente que su corazón se exalta. Nathan es un muchacho listo y conoce algo más que las bases del español. Ha visto incontables películas y series en ese idioma, así que quizá no sea tan malo después de todo.

As he descends in the elevator, he feels his heart soar. Nathan is a smart boy and knows more than just the basics of Spanish. He has seen countless movies and series in that language, so maybe he's not so bad after all.

Al salir del edificio, decide sentarse en una **mesa** del café justo en la otra calle. Allí puede sentir un poco más la **vida** del lugar. Una mesera se acerca a él y, en español, le pregunta qué va a pedir.

As he leaves the building, he decides to sit at a table in the café just across the street. There he can feel a little more of the life of the place. A waitress approaches him and, in Spanish, asks him what he would like to order.

- **Mesera:** ¡Hola! ¿Te gustaría un sándwich, una hamburguesa, o quizá algo dulce?
- **Nathan:** Es mi primera vez en Bogotá y no **tengo** idea qué pedir.
- **Mesera:** ¿De verdad? Puedo notar que hablas muy bien, pero te ves un poco pálido.
- **Nathan:** La verdad es que me siento inseguro con el idioma, y sólo estoy aquí desde hace un par de horas.
- **Mesera:** ¡No lo parece! El mejor consejo que te puedo dar es que salgas a visitar lugares. Ve a un **supermercado** o **pregunta** por **direcciones**. Mientras más te rodees del español, más fácil te vas a adaptar. Yo no soy colombiana. Soy italiana. Era tan insegura que tardé un mes en decir una sola palabra después de llegar.
- **Nathan:** ¿De verdad? ¿Qué hiciste para superarlo?
- **Mesera:** Al llegar no sabía nada de español, pero te acostumbras. Hice **varios** amigos haciendo sólo señas. ¿Te imaginas?
- **Nathan:** Gracias, eres muy amable.
- **Mesera:** Por nada. Las personas **aquí** no te juzgan. A veces, nosotros mismos somos nuestros peores críticos. Sal y diviértete. Hay muchos sitios para ver en Bogotá y estoy segura de que te irá cada vez mejor. Te recomiendo ir a Monserrat. Es hermoso. ¿Entonces? ¿Una malteada y papas?
- **Nathan:** Sí, por favor. Muchas gracias.

- ***Waitress**: Hi! Would you like a sandwich, a hamburger, or maybe something sweet?*

- ***Nathan**: It's my first time in Bogotá, and I have no idea what to order.*
- ***Waitress**: Really? I can tell you speak Spanish very well, but you look a little pale.*
- ***Nathan**: The truth is that I don't feel so confident with the language, and I have only been here for a couple of hours.*
- ***Waitress**: It doesn't seem like it! The best advice I can give you is to go out and visit places. Go to a supermarket or ask for directions. The more you surround yourself with Spanish, the easier it will be to adapt. I am not Colombian. I am Italian. I was so insecure that it took me a month to say a single word after I arrived.*
- ***Nathan**: Really? What did you do to overcome it?*
- ***Waitress**: When I came here, I didn't know any Spanish, but you get used to it. I made several friends just by signing, can you imagine?*
- ***Nathan**: Thank you, you are very kind.*
- ***Waitress**: You're welcome. People here don't judge you. Sometimes, we are our own worst critics. Go out and have fun. There are many places to see in Bogotá, and I am sure it will get better. I recommend visiting Monserrat. It's beautiful. So? A milkshake and chips?*
- ***Nathan**: Yes, please. Thank you very much.*

Nathan, aliviado, no sabe qué acaba de ocurrir. Tuvo su **primera** conversación en español y parece que toda su ansiedad desaparece **poco** a poco. Con eso puede **comprobar** que todo lo que esa chica dice es cien por ciento real.

Nathan, relieved, can't believe what has just happened. He had his first conversation in Spanish, and all his anxiety seemed to disappear little by little. With that, he can verify that everything the girl said is one hundred percent true.

No es prudente llegar a un nuevo país y encerrarse, porque hay oportunidades esperando en cada esquina. A partir de **allí**, Nathan comienza a **vencer** su miedo al hablar, para así mejorar cada día un poco más, y disfrutar al máximo su experiencia en el **extranjero**. A veces, sólo se trata de entregarnos a la experiencia y aprender todo lo que podamos. Sólo así estaremos viviendo realmente.

It isn't wise to arrive in a new country and lock yourself in, because there is an opportunity around every corner. From then on, Nathan begins to overcome his fear of speaking, to improve a little more each day, and enjoy his experience abroad to the fullest. Sometimes, it's just a matter of opening ourselves up to the experience and learning as much as we can. Only then will we really be living.

Resumen

Nathan es un muchacho londinense que disfruta sus estudios y suele sacar buenas notas en cada una de sus materias, pero tiene una pequeña debilidad: el idioma español. Decide solicitar una beca para estudiar en el extranjero, en Colombia. Un día, mientras atiende la tienda de su familia, recibe una carta de la escuela. Al abrirla, descubre que su solicitud es aprobada, así que corre a contarle a su tía. Luego de un mes, Nathan sube al avión y empieza su nueva travesía. Luego de un par de horas en Colombia, decide observar desde la ventana de su habitación cómo la gente hace su vida cotidiana. Niños jugando, parejas riendo, abuelos leyendo el periódico, y Nathan escondido mientras ve todo de lejos. Al cabo de unos minutos, decide bajar y sentarse en un café que hay cerca del edificio donde se está quedando. La camarera que lo atiende se da cuenta de su inseguridad y, de la forma más sutil posible, lo hace hablar sin que se entere. Nathan, al no tener idea de lo que ocurrió, se da cuenta de que no es tan malo después de todo. Sólo necesita tranquilizarse, rodearse más de esta nueva cultura, y vivir la experiencia que este nuevo capítulo de su vida está ofreciendo. Solamente de esa forma sacará provecho de todo lo que Bogotá tiene para ofrecer.

Summary

Nathan is a London lad who enjoys his studies and usually gets good grades in each of his subjects, but he has a minor weakness: the Spanish language. He decides to apply for a scholarship to study abroad, in Colombia. One day, while working in his family's store, he receives a letter from the school. When he opens it, he discovers that his application is approved, so he runs to tell his aunt. After a month, Nathan boards the plane and begins his new journey. After a couple of hours in Colombia, he decides to watch from his bedroom window and sees the people going about their daily lives. Children playing, couples laughing, grandparents reading the newspaper, and Nathan feels he is simply hiding while watching everything from afar. After a few minutes, he decides to go down and sit in a café near the building where he is staying. The waitress who serves him notices his insecurity, and as subtly as possible, makes him talk without him being aware of it. Having no idea what happened, Nathan realizes that he is not so bad at Spanish after all. He just needs to calm down, surround himself more with this new culture, and live the experience that this new chapter of his life is offering. Only then will he take advantage of all that Bogota has to offer.

Preguntas
Questions

1. **¿Qué se vende en la tienda de la familia de Nathan? / What is sold in Nathan's family store?**
   a. Artículos para el hogar.
   b. Comida y golosinas.
   c. Frutas y verduras.
   d. Zapatos de todo tipo.
2. **¿Por qué Nathan no puede practicar español antes del viaje? / Why can't Nathan practice Spanish before the trip?**
   a. Él ya es un experto en el idioma.
   b. No está interesado en aprender otra cosa que física.
   c. Se siente muy estresado y ansioso.
   d. La solicitud de la beca fue un error.
3. **¿Qué fue lo primero que Nathan le dijo a la camarera? / What was the first thing Nathan said to the waitress?**
   a. Es mi primera vez en Bogotá y no sé qué pedir.
   b. Unas papas y una Coca-Cola, por favor.
   c. Nathan decide irse sin pedir algo.
   d. Le pide la hora.
4. **¿Cuál es la mejor forma de aprender español en Bogotá según la camarera? / What is the best way to learn Spanish in Bogotá according to the waitress?**
   a. Rodeándose del idioma, empezando por situaciones simples.
   b. Leyendo los mejores manuales que hay en internet.

   c. Yendo a museos durante el primer mes todos los días.
   d. Escuchando conversaciones en los parques.

5. **¿Cuántas monjas estaban esperando el autobús (TransMilenio)? / How many nuns were waiting for the bus (TransMilenio)?**
   a. Tres.
   b. Dos.
   c. Cuatro.
   d. Ninguna.

Respuestas

Answers

1. Comida y golosinas.
2. Se siente muy estresado y ansioso.
3. Es mi primera vez en Bogotá y no sé qué pedir.
4. Rodeándose del idioma, empezando por situaciones simples.
5. Tres.

Vocabulary List

The words in this list are essential for learning the Spanish language, and for better understanding the story. This list contains pronouns, adjectives, nouns, adverbs, prepositions, among others from the story. Some words have several meanings, so try to relate them according to the context.

Ahora	Now
Alimentos	Food
Allí	There
Ansiedad	Anxiety
Ansioso	Anxious
Apuntes	Notes
Aquí	Here
Avión	Plane
Beca	Scholarship
Bien	Good

Caja	Box
Caja registradora	Cash register
Carta	Letter
Cartero	Mailman
Clientes	Clients
Debilidades	Weaknesses
Detrás	Behind
Direcciones	Addresses/Directions
Dormitorio	Bedroom
Durante	During/While
Escuela	School
Estrés	Stress
Extranjero	Abroad
Familia	Family
Formulario	Form
Golosinas	Candies
Habitación	Room
Horas	Hours
Idioma	Language
Internacional	International
Jornadas	Days
Joven	Young
Libros	Books
Maletas	Suitcases/Bags/Luggage
Mañana	Tomorrow
Mejor	Best
Mes	Month
Mesa	Table
Nativas	Native
Nombre	Name
Nuevo	New
Londinense	Londoner
Poco	Little

Primera	First
Desafiante	Challenging
Reto	Challenge
Solo	Only
Supermercado	Supermarket
Tarde	Afternoon
Tienda	Store
Tranquilamente	Quietly
Varios	Various
Ventana	Window
Vida	Life

Verb List

These are some verbs found in the story, conjugated in the easiest verb tenses. To make it easier, we have added a translation in infinitive for each verb.

Spanish verb	Spanish verb translation	Spanish infinitive form
Aprender	Learn	Aprender
Atiende	Attend	Atender
Comprobar	Verify/Check	Comprobar
Descansar	Rest	Descansar
Entregar	Deliver	Entregar
Espera	Wait	Esperar
Jugando	Playing	Jugar
Leer	Read	Leer
Llega	Arrives	Llegar
Piensa	Think	Pensar
Practicar	Practice	Practicar
Pregunta	Ask	Preguntar
Pronuncio	Pronounce	Pronunciar
Salen	Go out/Leave	Salir
Tengo	I have	Tener

Vencer	Overcome	Vencer
Viajar	Travel	Viajar
Visitar	Visit	Visitar

Personal Pronouns

Yo	I
Tú	You
Él/Ella/Usted (Ud.)	He/She/You
Nosotros	We
Ellos/Ellas/Ustedes (Uds.)	They/They/You.

Verb Conjugation

Infinitive Form	**Infinitive Translatio n**	**Simple Present**	**Simple Future**	**Simple Past**
Aprender	Learn	• yo aprendo • tú aprendes • él/ ella/ Ud. aprende • nosotros aprendemos • ellos/ ellas/ Uds. aprenden	• yo aprenderé • tú aprenderás • él/ ella/ Ud. aprenderá • nosotros aprenderemos • ellos/ ellas/ Uds. aprenderán	• yo aprendí • tú aprendiste • él/ ella/ Ud. aprendió • nosotros aprendimos • ellos/ ellas/ Uds. aprendieron
Atender	Attend	• yo atiendo • tú atiendes • él/ ella/ Ud. atiende • nosotros atendemos • ellos/ ellas/ Uds. atienden	• yo atenderé • tú atenderás • él/ ella/ Ud. atenderá • nosotros atenderemos • ellos/ ellas/ Uds. atenderán	• yo atendí • tú atendiste • él/ ella/ Ud. atendió • nosotros atendimos • ellos/ ellas/ Uds. atendieron

Comprobar	Verify	• yo compruebo • tú compruebas • él/ ella/ Ud. comprueba • nosotros comprobamos • ellos/ ellas/ Uds. comprueban	• yo comprobaré • tú comprobarás • él/ ella/ Ud. comprobará • nosotros comprobaremos • ellos/ ellas/ Uds. comprobarán	• yo comprobé • tú comprobaste • él/ ella/ Ud. comprobó • nosotros comprobamos • ellos/ ellas/ Uds. comprobarán
Descansar	Rest	• yo descanso • tú descansas • él/ ella/ Ud. descansa • nosotros descansamos • ellos/ ellas/ Uds. descansan	• yo descansaré • tú descansarás • él/ ella/ Ud. descansará • nosotros descansaremos • ellos/ ellas/ Uds. descansarán	• yo descansé • tú descansaste • él/ ella/ Ud. descansó • nosotros descansamos • ellos/ ellas/ Uds. descansaron
Entregar	Deliver	• yo entrego • tú entregas • él/ ella/ Ud. entrega • nosotros entregamos • ellos/ ellas/ Uds. entregan	• yo entregaré • tú entregarás • él/ ella/ Ud. entregará • nosotros entregaremos • ellos/ ellas/ Uds. entregarán	• yo entregué • tú entregaste • él/ ella/ Ud. entregó • nosotros entregamos • ellos/ ellas/ Uds. entregaron
Esperar	Wait	• yo espero • tú esperas • él/ ella/ Ud. espera • nosotros esperamos • ellos/ ellas/ Uds. esperan	• yo esperaré • tú esperarás • él/ ella/ Ud. esperará • nosotros esperaremos • ellos/ ellas/ Uds. esperarán	• yo esperé • tú esperaste • él/ ella/ Ud. esperó • nosotros esperamos • ellos/ ellas/ Uds. esperaron

Jugar	Play	• yo juego • tú juegas • él/ ella/ Ud. juega • nosotros jugamos • ellos/ ellas/ Uds. juegan	• yo jugaré • tú jugarás • él/ ella/ Ud. jugará • nosotros jugaremos • ellos/ ellas/ Uds. jugarán	• yo jugué • tú jugaste • él/ ella/ Ud. jugó • nosotros jugamos • ellos/ ellas/ Uds. jugaron
Leer	Read	• yo leo • tú lees • él/ ella/ Ud. lee • nosotros leemos • ellos/ ellas/ Uds. leen	• yo leeré • tú leerás • él/ ella/ Ud. leerá • nosotros leeremos • ellos/ ellas/ Uds. leerán	• yo leí • tú leíste • él/ ella/ Ud. leyó • nosotros leímos • ellos/ ellas/ Uds. leyeron
Llegar	Go to/ arrive	• yo llego • tú llegas • él/ ella/ Ud. llega • nosotros llegamos • ellos/ ellas/ Uds. llegan	• yo llegaré • tú llegarás • él/ ella/ Ud. llegará • nosotros llegaremos • ellos/ ellas/ Uds. llegarán	• yo llegué • tú llegaste • él/ ella/ Ud. llegó • nosotros llegamos • ellos/ ellas/ Uds. llegaron
Pensar	Think	• yo pienso • tú piensas • él/ ella/ Ud. piensa • nosotros pensamos • ellos/ ellas/ Uds. piensan	• yo pensaré • tú pensarás • él/ ella/ Ud. pensará • nosotros pensaremos • ellos/ ellas/ Uds. pensarán	• yo pensé • tú pensaste • él/ ella/ Ud. pensó • nosotros pensamos • ellos/ ellas/ Uds. pensaron
Practicar	Practice	• yo practico • tú practicas • él/ ella/ Ud. practica • nosotros practicamos	• yo practicaré • tú practicarás • él/ ella/ Ud. practicará • nosotros practicaremos	• yo practiqué • tú practicaste • él/ ella/ Ud. practicó • nosotros practicamos

		• ellos/ ellas/ Uds. practican	• ellos/ ellas/ Uds. practicarán	• ellos/ ellas/ Uds. practicaron
Preguntar	Ask	• yo pregunto • tú preguntas • él/ ella/ Ud. pregunta • nosotros preguntamos • ellos/ ellas/ Uds. preguntan	• yo preguntaré • tú preguntarás • él/ ella/ Ud. preguntará • nosotros preguntaremos • ellos/ ellas/ Uds. preguntarán	• yo pregunté • tú preguntaste • él/ ella/ Ud. preguntó • nosotros preguntamos • ellos/ ellas/ Uds. preguntaron
Pronunciar	Pronounce	• yo pronuncio • tú pronuncias • él/ ella/ Ud. pronuncia • nosotros pronunciamos • ellos/ ellas/ Uds. pronuncian	• yo pronunciaré • tú pronunciarás • él/ ella/ Ud. pronunciará • nosotros pronunciaremos • ellos/ ellas/ Uds. pronunciarán	• yo pronuncié • tú pronunciaste • él/ ella/ Ud. pronunció • nosotros pronunciamos • ellos/ ellas/ Uds. pronunciarán
Salir	Go to	• yo salgo • tú sales • él/ ella/ Ud. sale • nosotros salimos • ellos/ ellas/ Uds. salen	• yo saldré • tú saldrás • él/ ella/ Ud. saldrá • nosotros saldremos • ellos/ ellas/ Uds. saldrán	• yo salí • tú saliste • él/ ella/ Ud. salió • nosotros salimos • ellos/ ellas/ Uds. salieron
Tener	Have	• yo tengo • tú tienes • él/ ella/ Ud. tiene • nosotros tenemos • ellos/ ellas/ Uds. tienen	• yo tendré • tú tendrás • él/ ella/ Ud. tendrá • nosotros tendremos • ellos/ ellas/ Uds. tendrán	• yo tuve • tú tuviste • él/ ella/ Ud. tuvo • nosotros tuvimos • ellos/ ellas/ Uds. tuvieron

Vencer	Overcome	• yo venzo • tú vences • él/ ella/ Ud. vence • nosotros vencemos • ellos/ ellas/ Uds. vencen	• yo venceré • tú vencerás • él/ ella/ Ud. vencerá • nosotros venceremos • ellos/ ellas/ Uds. vencerán	• yo vencí • tú venciste • él/ ella/ Ud. venció • nosotros vencimos • ellos/ ellas/ Uds. vencieron
Viajar	Travel	• yo viajo • tú viajas • él/ ella/ Ud. viaja • nosotros viajamos • ellos/ ellas/ Uds. viajan	• yo viajaré • tú viajarás • él/ ella/ Ud. viajará • nosotros viajaremos • ellos/ ellas/ Uds. viajarán	• yo viajé • tú viajaste • él/ ella/ Ud. viajó • nosotros viajamos • ellos/ ellas/ Uds. viajaron
Visitar	Visit	• yo visito • tú visitas • él/ ella/ Ud. visita • nosotros visitamos • ellos/ ellas/ Uds. visitan	• yo visitaré • tú visitarás • él/ ella/ Ud. visitará • nosotros visitaremos • ellos/ ellas/ Uds. visitarán	• yo visité • tú visitaste • él/ ella/ Ud. visitó • nosotros visitamos • ellos/ ellas/ Uds. visitaron

Chapter 4:

El búho de Pablo
Pablo's Owl

Pablo es un **muchacho** que recién empieza en el **mundo** de la **carpintería**. Su **abuelo**, Antonio, es muy reconocido por sus **obras**. Algunas de estas obras **ganan premios** alrededor del **país** cada **año**.

Pablo is a young boy just starting out in the world of carpentry. His grandfather, Antonio, is well known for his carpentry skills. His works win awards around the country every year.

Dichas obras incluyen **aeroplanos** de tamaño real, esculturas famosas y réplicas de **automóviles**. Desde muy pequeño, ha sido una **inspiración** para Pablo. Sus padres, Ana e Ignacio, se **dedican** a la **educación**. Ana es la **directora** de una escuela e Ignacio es **profesor** de **química**, pero Antonio, su abuelo, es **carpintero** desde muy joven.

These works include life-size airplanes, famous sculptures, and automobile replicas. From a very young age, Pablo has been inspired by his grandfather. His parents, Ana and Ignacio, are dedicated to education. Ana is a school principal, and Ignacio is a chemistry teacher, but Antonio, his grandfather, has been a carpenter since he was very young.

Pablo, por alguna razón, no siente mucha pasión por las **profesiones** de sus padres, pero le **gustaría** ser **arquitecto** algún día. Desde **muy** pequeño **acompaña** a su abuelo al taller, **pero** ahora es su **asistente**. Allí aprende **sobre** medidas, tipos de **madera**, equipos para **cortar** y tallar y otras **herramientas**.

Pablo, for some reason, doesn't feel much passion for his parents' professions, but he would like to be an architect someday. Since he was very young, he has accompanied his grandfather to the workshop, but now he is his assistant. There he learns about measurements, types of wood, cutting and carving equipment, and other tools.

Los **mejores momentos** para trabajar ocurren durante las **vacaciones**, así Pablo se dedica a lo que más le gusta sin pensar en otra **cosa**. Unos días antes de **empezar** las **vacaciones** de verano, uno de sus profesores le **asigna** un **proyecto** de tema libre. Una vez culminado el descanso, lo presentan como nota final.

The best times to work are during vacations, so Pablo can do what he likes best without thinking about anything else. A few days before the start of summer vacation, one of his teachers assigns him a free topic project. Once the summer vacation is over, they present it for their final grade.

Pablo se **emociona** mucho, pues puede dejar fluir su **creatividad**. Con la ayuda de su abuelo, de seguro que lograrán **construir** algo genial y diferente. Durante su regreso a casa piensa en ideas que podría usar para su proyecto, lo cual no es una tarea fácil.

Pablo is very excited, because he can let his creativity flow. With the help of his grandfather, they are sure to build something cool and different. He thinks of ideas he could use for his project on his way home, which is no easy task.

Muchas cosas vienen a su mente, pero sin una en especial para **mostrarle** a sus compañeros y profesor. Al llegar a casa, deja su **mochila** y decide ir rápidamente al taller para contarle a su abuelo sobre la actividad. Una vez allí, lo ve tomando café tranquilamente. El anciano se alegra al ver a Pablo llegar.

Many things come to his mind, but he can't think of one in particular that would impress his classmates and teacher. When he gets home, he leaves his backpack and decides to go quickly to the workshop to tell his grandfather about the project. Once there, he sees him quietly drinking coffee. The old man is happy to see Pablo arrive.

- **Antonio:** ¡Hola, **muchacho**! Pensé que no vendrías **hoy**.
- **Pablo:** Estás pasando una tarde tranquila, ¿eh? Te tengo una **noticia**.
- **Antonio:** Cuéntame. Apuesto a que tienes que entregar un proyecto al regresar de las vacaciones.
- **Pablo:** (Risas) Olvidaba que, aparte de todo, lees **mentes**. Sí, estás en lo cierto, pero no tengo idea de qué podría ser.

- ***Antonio**: Hello, my boy! I thought you weren't coming today.*
- ***Pablo**: You're having a peaceful afternoon, huh? I have news for you.*
- ***Antonio**: Tell me about it. I bet you have a project due when you get back from vacation.*
- ***Pablo**: (laughs) I forgot that you read minds as well. Yes, you are right, but I have no idea what it could be.*

Antonio se queda pensativo. Deja a un lado la taza de **café** y se cruza de **brazos**. Pablo sólo lo **mira** con emoción, pues **sabe** muy bien que su abuelo es bastante creativo.

Antonio remains thoughtful. He puts aside his coffee cup and crosses his arms. Pablo just looks at him with excitement, since he is well aware that his grandfather is quite creative.

- **Antonio:** ¿Sabes qué? Yo tampoco tengo idea. Lo mejor es que me dejes meditarlo durante esta **noche** y mañana te cuento.
- **Pablo:** Me parece bien, abuelo.

- ***Antonio**: You know what? I have no idea either. The best thing to do is to let me meditate on it tonight, and I'll tell you tomorrow.*
- ***Pablo**: Sounds good to me, Grandpa.*

Luego de esto empiezan a **limpiar** el taller, pues pronto oscurece y tienen que regresar a casa.

After this, they start cleaning the workshop, because it will soon be dark and they have to return home.

Al día siguiente, Antonio despierta temprano por la mañana. Se prepara una taza de café junto con dos huevos revueltos y **pan** tostado. Se toma sus **vitaminas** y también un puñado de maní. Tampoco falta el zumo de **naranja** recién exprimido.

The next day, Antonio wakes up early in the morning. He makes himself a cup of coffee along with two scrambled eggs and toast. He takes his vitamins, grabs a handful of peanuts and pours his usual glass of freshly squeezed orange juice

A la edad de 68 años, el abuelo de Pablo se mantiene en forma, pero su profesión requiere de **fuerza**, así que se cuida mucho. Él suele salir al **patio** mientras disfruta del **desayuno** y lee el **periódico**.

At the age of 68, Pablo's grandfather keeps fit, but his profession requires strength, so he takes good care of himself. He usually goes out into the backyard while enjoying breakfast and reads the newspaper.

Es una costumbre, pero no le interesa mucho su **contenido**. Termina su comida y también el periódico, pero recuerda que tiene un **compromiso**: **buscar** una idea para el proyecto de Pablo. Antonio mira por un rato el **horizonte** y ve cómo el **sol** sale poco a poco. "¡Ya sé!", dice en voz alta y se **levanta** de un salto. Se da una **ducha** para luego vestirse y salir.

It is a habit, but he is not very interested in its content. He finishes his meal and the newspaper, but remembers he has a commitment: finding an idea for Pablo's project. Antonio looks at the horizon for a while and sees how the sun rises little by little. "I know!" he says out loud and jumps up. He takes a shower and then gets dressed to go out.

Pablo, muy emocionado por este nuevo día, decide llegar más temprano al **taller**. Se da cuenta de que su abuelo aún no está allí, pero entra de todas formas con su llave extra. Este taller no es muy grande, pero es muy **ordenado** y **cómodo**. Todavía hay tiempo, pero quisiera tener ya una idea clara.

Pablo, very excited about this new day, decides to arrive earlier at the workshop. He realizes that his grandfather is not there yet, but goes in anyway with his extra key. This workshop is not very big, but it is very tidy and comfortable. There is still time, but he would like to have a clear idea soon.

Se **pasea** por el taller mientras mira las herramientas y planos de los otros proyectos de su abuelo. "Realmente es muy bueno", piensa. "De seguro se le ocurre algo pronto". Luego de unos minutos, llega Antonio.

He wanders around the workshop while looking at tools and plans of the other projects of his grandfather. "He is outstanding," he thinks. "I'm sure he'll come up with something soon." After a few minutes, Antonio arrives.

- **Antonio:** Veo que estás entusiasmado.
- **Pablo:** Así es. ¿Se te ocurrió algo?
- **Antonio:** Para nada. Recordé tu proyecto hace tan solo unos minutos.
- **Pablo:** ¿De verdad?
- **Antonio:** Ya veremos qué ocurre a lo largo del día.

- ***Antonio****: I see you are enthusiastic.*
- ***Pablo****: That's right. Did you come up with anything?*
- ***Antonio****: Not at all. I remembered your project just a few minutes ago.*
- ***Pablo****: Really?*
- ***Antonio****: We'll see what happens during the course of the day.*

Ambos se **ponen** sus uniformes de trabajo y empiezan la jornada del viernes. Esos días terminan a las 4:00 p.m., y una vez llegada la hora, Antonio le cuenta sobre la idea que se le ocurrió. Durante la mañana, después de desayunar, vio un búho parado en la **punta** de un **poste de luz.**

They both change into their work uniforms and start Friday's workday. The workday ends at 4:00 p.m., and when the time comes, Antonio tells him about the idea he came up with. After breakfast, he saw an owl standing on the top of a lamppost during the morning.

Lo miró fijamente, hasta que decidió seguir su camino. Él piensa que puede ser un trabajo un poco complicado, pero lo pueden lograr. Un **búho** de metro y medio, tallado y con acabados finos.

He stared at it, until he decided to go on his way. He thinks it may be a bit of a complicated job, but they can do it. A five-foot owl, carved and finely finished.

- **Pablo:** Es mejor de lo que **imaginaba**, abuelo.
- **Antonio:** ¿De verdad?
- **Pablo:** Por supuesto. Quedará increíble. También podré aprender mucho con ese proyecto.
- **Antonio:** Será increíble, pero hay una sola **condición**: tienes que buscar roble para ese búho.

- ***Pablo**: It's better than I imagined, Grandpa.*
- ***Antonio**: Really?*
- ***Pablo**: Of course. It will look amazing. I'll also be able to learn a lot from that project.*
- ***Antonio**: It will be incredible, but there's only one condition: you have to find oak for that owl.*

Pablo se queda pensativo. El roble sólo se puede encontrar en las afueras de la ciudad, en un bosque gigantesco y hermoso que no muchos frecuentan. Antes de regresar a casa, le dice a su abuelo que acepta su petición.

Pablo remains thoughtful. The oak tree can only be found on the city's outskirts, in a gigantic and beautiful forest that not many frequent. Before returning home, he tells his grandfather that he agrees to his request.

El joven decide **ir** al bosque durante el sábado de la siguiente **semana**. Toma el autobús y emprende el recorrido. Llega a su destino después de unos cuarenta minutos. Este bosque está repleto de varios tipos de árbol, incluyendo **robles** muy altos y hermosos. Una vez allí, entra a una cabaña en donde venden este tipo de madera.

The young man decides to go to the forest on the Saturday of the following week. He takes the bus and sets off on his journey. He arrives at his destination after about forty minutes. This forest is full of various types of trees, including very tall and beautiful oaks. Once there, he enters a cabin where they sell this type of wood.

Pablo encarga justo lo que su abuelo le pide y luego toma otro autobús de regreso a casa. Una vez de vuelta al atardecer, llega un hombre de reparto para entregarle la madera a Antonio, que ya ha hecho un plano de construcción. Tiene en varias hojas exactamente lo que va a hacer, **pieza** por pieza. Su abuelo le dice que se vaya a casa a descansar, y que en unos días volviera para empezar con su proyecto.

Pablo orders just what his grandfather had asked for and then takes another bus back home. Once back in the evening, a delivery man arrives to bring the wood to Antonio, who has already drawn up a construction plan. He has sketched diagrams on several sheets of paper, showing exactly what he is going to do, piece by piece. His grandfather tells him to go home to rest, and to come back in a few days to start his project.

Pablo regresa el miércoles de la siguiente semana, motivado y listo para comenzar el trabajo duro, pero al entrar al taller se lleva una sorpresa. Su abuelo ya había terminado la obra. Hasta el más mínimo **detalle** estaba hecho. Pablo no lo puede creer.

Pablo returns on Wednesday of the following week, motivated and ready to start the hard work, but he gets a surprise when he enters the workshop. His grandfather has already finished the project. Even the smallest detail has already been done. Pablo can't believe it.

- **Pablo:** Lo planeaste así desde el principio, ¿no es así?
- **Antonio:** (Risas) No lo pude evitar. Te quería sorprender y eso hice.
- **Pablo:** Quedó increíble. Muchas gracias, abuelo. Nuestro proyecto será el mejor.
- **Antonio:** Lo hice con mucho cariño para ti, querido **nieto**. Me alegra que te guste. Siempre había querido hacer uno así, pero a cambio me ayudarás con todo el trabajo duro que tengo pendiente.

- ***Pablo**: You planned it that way from the beginning, didn't you?*
- ***Antonio**: (laughs) I couldn't help it. I wanted to surprise you, and that's what I did.*
- ***Pablo**: It turned out amazing. Thank you very much, Grandpa. Our project will be the best.*
- ***Antonio**: I made it with a lot of love for you, dear grandson. I'm glad you like it. I've always wanted to make one like this, but in return, you'll help me with all the hard work I have pending.*

Después de vacaciones, Pablo **presenta** su proyecto y es elegido como exhibición de su escuela. A todos les encanta esa obra, y él no deja de sentirse **orgulloso** de su abuelo. Fue un éxito total y una forma de reafirmar la profesión de sus sueños.

After vacation, Pablo presents his project, and it is chosen for his school's exhibition. Everyone loves this work, and he can't stop being proud of his grandfather. It was a total success and a way to reaffirm the profession of his dreams.

Resumen

Pablo es un muchacho que recién empieza en el mundo de la carpintería. Su abuelo Antonio (que es carpintero) es muy reconocido en todo el país por sus obras. Su madre es directora de una escuela y su padre es profesor, pero Pablo no se interesa mucho por esas profesiones. En el taller de su abuelo aprende sobre medidas, tipos de madera y herramientas para el corte y la talla. Unos días antes de empezar las vacaciones de verano, un profesor le asigna a cada alumno un proyecto para presentar al regresar a clases, así que es la oportunidad perfecta para trabajar con su abuelo. Sin embargo, no está seguro de qué puede presentar ante su profesor y sus compañeros.

Después de regresar a casa, decide ir al taller de Antonio para hablarle sobre esto. Una vez allí, su abuelo no tiene idea sobre qué hacer, así que le pide un día para pensar. A la mañana siguiente, luego del desayuno, logra tener una gran idea. Para llevarla a cabo, es necesario que Pablo vaya a buscar roble en las afueras de la ciudad.

Con la madera en sus manos, el joven regresa al taller, y su abuelo le dice que descanse durante unos días antes de empezar el proyecto. Pasado este tiempo, Pablo regresa y se lleva una sorpresa: el proyecto ya está terminado. Impresionado, no sabe qué decir. Su abuelo requiere a cambio ayuda con todo su trabajo pendiente, y Pablo acepta. El búho es bien recibido en la escuela y ahora lo exhiben con orgullo.

Summary

Pablo is a boy who is just starting out in the world of carpentry. His grandfather Antonio (who is a carpenter) is well known throughout the country for his works. His mother is a school principal, and his father is a teacher, but Pablo is not very interested in those professions. In his grandfather's workshop, he learns about measurements, types of wood, and cutting and carving tools. A few days before the start of summer vacation, a teacher assigns each student a project to present upon returning to class, so it's the perfect opportunity to work with his grandfather. However, he is not sure what to submit to his teacher and classmates.

After returning home, he decides to go to Antonio's workshop to talk to him about it. Once there, his grandfather has no idea what to do, so he asks him for a day to think. The following day, after breakfast, he comes up with a great idea. Pablo needs to go to the city's outskirts to look for oak trees to carry it out.

With the wood in his hands, the young man returns to the workshop, and his grandfather tells him to rest for a few days before starting the project. After this time, Pablo returns and gets a surprise: the project is already finished. Impressed, he doesn't know what to say. His grandfather asks for help with all his pending work in return, and Pablo accepts. The owl is well received in the school and is now proudly being displayed.

Preguntas
Questions

1. **¿Cuál es la profesión del papá de Pablo? / What is Pablo's father's profession?**
    a. Profesor de química.
    b. Profesor de física.
    c. Profesor de biología.
    d. Profesor de canto.
2. **¿Qué idea tiene el abuelo de Pablo para el proyecto? / What idea does Pablo's grandfather have for the project?**
    a. Un león de cristal.
    b. Un reloj de porcelana.
    c. Un búho de roble.
    d. Un dragón de papel.
3. **¿Qué come Antonio junto con su desayuno? / What does Antonio eat as part of his breakfast?**
    a. Maní.
    b. Fresas.
    c. Chocolate.
    d. Leche de almendras.

4. **¿Qué profesión desea elegir Pablo? / What profession does Pablo wish to choose?**
   a. Carpintero.
   b. Arquitecto.
   c. Ingeniero.
   d. Atleta.
5. **¿Cuál es el nombre de la mamá de Pablo? / What is the name of Pablo's mother?**
   a. Virginia.
   b. Marcela.
   c. Guadalupe.
   d. Ana.

Respuestas

Answers

1. Profesor de química.
2. Un búho de roble.
3. Maní.
4. Arquitecto.
5. Ana.

Vocabulary List

The words in this list are essential for learning the Spanish language, and for better understanding the story. This list contains pronouns, adjectives, nouns, adverbs, prepositions, among others from the story. Some words have several meanings, so try to relate them according to the context.

Abuelo	Grandfather
Aeroplanos	Airplanes
Año	Year
Arquitecto	Architect
Asistente	Assistant
Automóviles	Automobiles
Brazos	Arms

Búho	Owl
Café	Café/Cafeteria/Coffee
Carpintería	Carpentry
Carpintero	Carpenter
Cómodo	Comfortable
Compromiso	Commitment
Condición	Condition
Contenido	Content
Cosa	Thing/Stuff
Creatividad	Creativity
Desayuno	Breakfast
Detalle	Detail
Directora	Director/Principal
Ducha	Shower
Educación	Education
Fuerza	Strength
Herramientas	Tools
Horizonte	Horizon
Hoy	Today
Inspiración	Inspiration
Madera	Wood
Mejores	Best
Mentes	Minds
Mochila	Backpack
Momentos	Moments
Muchacho	Boy
Mundo	World
Muy	Very
Naranja	Orange

Nieto	Grandson
Noche	Night
Noticia	News
Obras	Works
Ordenado	Orderly
Orgulloso	Proud
País	Country
Pan	Bread
Patio	Backyard
Periódico	Newspaper
Pero	But
Pieza	Piece
Poste de luz	Lampost
Premios	Awards
Profesiones	Professions
Profesor	Professor
Proyecto	Project
Punta	Top
Química	Chemistry
Robles	Oak trees
Semana	Week
Sobre	About
Sol	Sun
Taller	Workshop
Vacaciones	Vacations/Holidays
Vitaminas	Vitamins

Verb List

These are some verbs found in the story, conjugated in the easiest verb tenses. To make it easier, we have added a translation in infinitive for each verb.

Spanish verb	**Spanish verb translation**	**Spanish infinitive form**

Acompaña	Accompanies	Acompañar
Asigna	Assign	Asignar
Buscar	Search	Buscar
Construir	Build	Construir
Cortar	Cut	Cortar
Dedican	They dedicate	Dedicar
Emociona	Gets excited	Emocionar
Empezar	Start	Empezar
Ganan	Win	Ganar
Gustaría	Would like	Gustar
Imaginaba	Imagined	Imaginar
Ir	Go	Ir
Levanta	Lift	Levantar
Limpiar	Clean	Limpiar
Mira	Look/See	Mirar
Mostrarle	Show [him/her]	Mostrar
Pasea	Walk/Wander	Pasear
Ponen	They put	Poner
Presenta	Submit	Presentar
Sabe	Know	Saber

Personal Pronouns

Yo	I
Tú	You
Él/Ella/Usted (Ud.)	He/She/You
Nosotros	We
Ellos/Ellas/Ustedes (Uds.)	They/They/You.

Verb Conjugation

Infinitive Form	Infinitive Translation	Simple Present	Simple Future	Simple Past
Acompañar	Accompany	• yo acompaño • tú acompañas • él/ ella/ Ud. acompaña • nosotros acompañamos • ellos/ ellas/ Uds. acompañan	• yo acompañaré • tú acompañarás • él/ ella/ Ud. acompañará • nosotros acompañaremos • ellos/ ellas/ Uds. acompañarán	• yo acompañé • tú acompañaste • él/ ella/ Ud. acompañó • nosotros acompañamos • ellos/ ellas/ Uds. acompañaron
Asignar	Assign	• yo asigno • tú asignas • él/ ella/ Ud. asigna • nosotros asignamos • ellos/ ellas/ Uds. asignan	• yo asignaré • tú asignarás • él/ ella/ Ud. asignará • nosotros asignaremos • ellos/ ellas/ Uds. asignarán	• yo asigné • tú asignaste • él/ ella/ Ud. asignó • nosotros asignamos • ellos/ ellas/ Uds. asignaron
Buscar	Search	• yo busco • tú buscas • él/ ella/ Ud. busca • nosotros buscamos • ellos/ ellas/ Uds. buscan	• yo buscaré • tú buscarás • él/ ella/ Ud. buscará • nosotros buscaremos • ellos/ ellas/ Uds. buscarán	• yo busqué • tú buscaste • él/ ella/ Ud. buscó • nosotros buscamos • ellos/ ellas/ Uds. buscaron
Construir	Build	• yo construyo • tú construyes • él/ ella/ Ud. construye	• yo construiré • tú construirás • él/ ella/ Ud. construirá • nosotros construiremos	• yo construí • tú construiste • él/ ella/ Ud. construyó

		• nosotros construimos • ellos/ ellas/ Uds. construyen	• ellos/ ellas/ Uds. construirán	• nosotros construimos • ellos/ ellas/ Uds. construyeron
Cortar	Cut	• yo corto • tú cortas • él/ ella/ Ud. corta • nosotros cortamos • ellos/ ellas/ Uds. cortan	• yo cortaré • tú cortarás • él/ ella/ Ud. cortará • nosotros cortaremos • ellos/ ellas/ Uds. cortarán	• yo corté • tú cortaste • él/ ella/ Ud. cortó • nosotros cortamos • ellos/ ellas/ Uds. cortaron
Dedicar	Dedicate	• yo dedico • tú dedicas • él/ ella/ Ud. dedica • nosotros dedicamos • ellos/ ellas/ Uds. dedican	• yo dedicaré • tú dedicarás • él/ ella/ Ud. dedicará • nosotros dedicaremos • ellos/ ellas/ Uds. dedicarán	• yo dediqué • tú dedicaste • él/ ella/ Ud. dedicó • nosotros dedicamos • ellos/ ellas/ Uds. dedicaron
Emocionar	Excite	• yo emociono • tú emocionas • él/ ella/ Ud. emociona • nosotros emocionamo s • ellos/ ellas/ Uds. emocionan	• yo emocionaré • tú emocionarás • él/ ella/ Ud. emocionará • nosotros emocionaremo s • ellos/ ellas/ Uds. emocionarán	• yo emocioné • tú emocionaste • él/ ella/ Ud. emocionó • nosotros emocionamo s • ellos/ ellas/ Uds. emocionaron
Empezar	Start	• yo empiezo • tú empiezas • él/ ella/ Ud. empieza • nosotros empezamos	• yo empezaré • tú empezarás • él/ ella/ Ud. empezará • nosotros empezaremos	• yo empecé • tú empezaste • él/ ella/ Ud. empezó • nosotros empezamos

		• ellos/ ellas/ Uds. empiezan	• ellos/ ellas/ Uds. empezarán	• ellos/ ellas/ Uds. empezaron
Ganar	Win	• yo gano • tú ganas • él/ ella/ Ud. gana • nosotros ganamos • ellos/ ellas/ Uds. ganan	• yo ganaré • tú ganarás • él/ ella/ Ud. ganará • nosotros ganaremos • ellos/ ellas/ Uds. ganarán	• yo gané • tú ganaste • él/ ella/ Ud. ganó • nosotros ganamos • ellos/ ellas/ Uds. ganaron
Gustar	Like	• yo gusto • tú gustas • él/ ella/ Ud. gusta • nosotros gustamos • ellos/ ellas/ Uds. gustan	• yo gustaré • tú gustarás • él/ ella/ Ud. gustará • nosotros gustaremos • ellos/ ellas/ Uds. gustarán	• yo gusté • tú gustaste • él/ ella/ Ud. gustó • nosotros gustamos • ellos/ ellas/ Uds. gustaron
Imaginar	Imagine	• yo imagino • tú imaginas • él/ ella/ Ud. imagina • nosotros imaginamos • ellos/ ellas/ Uds. imaginan	• yo imaginaré • tú imaginarás • él/ ella/ Ud. imaginará • nosotros imaginaremos • ellos/ ellas/ Uds. imaginarán	• yo imaginé • tú imaginaste • él/ ella/ Ud. imaginó • nosotros imaginamos • ellos/ ellas/ Uds. imaginaron
Ir	Go	• yo voy • tú vas • él/ ella/ Ud. va • nosotros vamos • ellos/ ellas/ Uds. van	• yo iré • tú irás • él/ ella/ Ud. irá • nosotros iremos • ellos/ ellas/ Uds. irán	• yo fui • tú fuiste • él/ ella/ Ud. fue • nosotros fuimos • ellos/ ellas/ Uds. fueron

Levantar	Lift	• yo levanto • tú levantas • él/ ella/ Ud. levanta • nosotros levantamos • ellos/ ellas/ Uds. levantan	• yo levantaré • tú levantarás • él/ ella/ Ud. levantará • nosotros levantaremos • ellos/ ellas/ Uds. levantarán	• yo levanté • tú levantaste • él/ ella/ Ud. levantó • nosotros levantamos • ellos/ ellas/ Uds. levantaron
Limpiar	Clean	• yo limpio • tú limpias • él/ ella/ Ud. limpia • nosotros limpiamos • ellos/ ellas/ Uds. limpian	• yo limpiaré • tú limpiarás • él/ ella/ Ud. limpiará • nosotros limpiaremos • ellos/ ellas/ Uds. limpiarán	• yo limpié • tú limpiaste • él/ ella/ Ud. limpió • nosotros limpiamos • ellos/ ellas/ Uds. limpiaron
Mirar	Look/ see	• yo miro • tú miras • él/ ella/ Ud. mira • nosotros miramos • ellos/ ellas/ Uds. miran	• yo miraré • tú mirarás • él/ ella/ Ud. mirará • nosotros miraremos • ellos/ ellas/ Uds. mirarán	• yo miré • tú miraste • él/ ella/ Ud. miró • nosotros miramos • ellos/ ellas/ Uds. miraron
Mostrar	Show	• yo muestro • tú muestras • él/ ella/ Ud. muestra • nosotros mostramos • ellos/ ellas/ Uds. muestran	• yo mostraré • tú mostrarás • él/ ella/ Ud. mostrará • nosotros mostraremos • ellos/ ellas/ Uds. mostrarán	• yo mostré • tú mostraste • él/ ella/ Ud. mostró • nosotros mostramos • ellos/ ellas/ Uds. mostraron
Pasear	Walk/ Wander	• yo paseo • tú paseas • él/ ella/ Ud. pasea • nosotros paseamos	• yo pasearé • tú pasearás • él/ ella/ Ud. paseará • nosotros pasearemos	• yo paseé • tú paseaste • él/ ella/ Ud. paseó • nosotros paseamos

		• ellos/ ellas/ Uds. pasean	• ellos/ ellas/ Uds. pasearán	• ellos/ ellas/ Uds. pasearon
Poner	Put	• yo pongo • tú pones • él/ ella/ Ud. pone • nosotros ponemos • ellos/ ellas/ Uds. ponen	• yo pondré • tú pondrás • él/ ella/ Ud. pondrá • nosotros pondremos • ellos/ ellas/ Uds. pondrán	• yo puse • tú pusiste • él/ ella/ Ud. puso • nosotros pusimos • ellos/ ellas/ Uds. pusieron
Presentar	Submit	• yo presento • tú presentas • él/ ella/ Ud. presenta • nosotros presentamos • ellos/ ellas/ Uds. presentan	• yo presentaré • tú presentarás • él/ ella/ Ud. presentará • nosotros presentaremos • ellos/ ellas/ Uds. presentarán	• yo presenté • tú presentaste • él/ ella/ Ud. presentó • nosotros presentamos • ellos/ ellas/ Uds. presentaron
Saber	Know	• yo sé • tú sabes • él/ ella/ Ud. sabe • nosotros sabemos • ellos/ ellas/ Uds. saben	• yo sabré • tú sabrás • él/ ella/ Ud. sabrá • nosotros sabremos • ellos/ ellas/ Uds. sabrán	• yo supe • tú supiste • él/ ella/ Ud. supo • nosotros supimos • ellos/ ellas/ Uds. supieron

Chapter 5:

Pedacitos del mundo
Little Pieces of the World

Christian es un profesor de inglés en los Estados Unidos que acaba de llegar a España. Su **intención** es aprender a hablar **correctamente** el **español**. Él piensa que la mejor forma de aprender un idioma nuevo es **dominando** primero el propio. Christian tiene muchos amigos y conocidos latinos, y todos hablan muy bien inglés. Su idea es aprender esta lengua en el país donde se originó.

Christian is an English teacher in the United States who has just arrived in Spain. He intends to learn to speak Spanish correctly. He believes that the best way to learn a new language is to first master your own. Christian has many Latino friends and acquaintances, and they all speak English very well. His idea is to learn this language in the country where it originated.

Él tiene una pequeña **noción** del idioma, pero aún tiene **dificultad** al hablar. Piensa que unas cuantas palabras en español de vez en **cuando** no son **suficientes. Sin embargo**, tiene mucho **entusiasmo** por esta nueva **experiencia**.

He has a slight grasp of the language, but still has difficulty speaking it. He feels that being able to speak a few words of Spanish now and then is not enough. However, he is very enthusiastic about this new experience.

Este es el primer día de Christian en la escuela de idiomas. Allí **conoce** a personas de **distintos** países como Francia, Alemania, Bélgica, Singapur, Arabia Saudita y Filipinas. Hay una gran **mezcla** de **culturas** allí.

This is Christian's first day at the language school. There he meets people from different countries such as France, Germany, Belgium, Singapore, Saudi Arabia, and the Philippines. There is a great mix of cultures at the school.

Es muy agradable **encontrar** personas de otras **partes** del mundo en un solo lugar. Otro **aspecto genial** es que todos los demás hablan inglés, así que tienen un idioma en común.

It is very nice to find people from different parts of the world all in one place. Another great aspect to this is that everyone speaks English, so they all have a common language.

Pasan los días y Christian se hace amigo de los demás estudiantes de su curso. Han salido en varias **ocasiones** a comer en distintos lugares. En uno de sus paseos, **descubren** un restaurante de comida **tradicional**. Él, por primera vez, **prueba** la paella. Christian y sus amigos no lo pueden creer. Él decide levantarse de su mesa y **acercarse** al chef.

The days go by and Christian makes friends with the other students in his class. They have gone out on several occasions to eat at different places. On one of their outings, they discover a traditional food restaurant. For the first time, he tries paella. Christian and his friends can't believe how delicious it is. He decides to get up from his table and approach the chef.

- **Christian:** Estoy muy **impresionado** con la paella. Nunca había probado algo así.
- **Chef:** ¿En serio, amigo? ¿De **dónde** eres?
- **Christian:** Soy de Estados Unidos.
- **Chef:** Me alegra mucho que te guste **nuestra** cocina. Siempre lo hacemos con los mejores ingredientes, pero **también** es **importante** una cosa.
- **Christian:** ¿**Qué** cosa?

- **Chef:** Siempre intentamos dar a nuestros clientes un **pedacito** de España con mucho cariño.
-
- ***Christian***: *I am very impressed with the paella. I had never tasted anything like it before.*
- ***Chef***: *Really, my friend? Where are you from?*
- ***Christian***: *I'm from the United States.*
- ***Chef***: *I'm delighted you like our cuisine. We always make it with the best ingredients, but one thing is also important.*
- ***Christian***: *What is that?*
- ***Chef***: *We always try to give our customers a little piece of Spain with a lot of love.*

Christian se **queda** muy **pensativo** luego de esa **última** oración. Él ve las cosas de una forma un poco cerrada a veces. Sus amigos lo consideran una persona bastante **lógica** y calculadora, pero en este momento se da cuenta de que no siempre es una **virtud**.

Christian gets very thoughtful after that last sentence. He can be a little closed-minded sometimes. His friends consider him to be a reasonably logical and analytical person, but at this point, he realizes that this is not always a virtue.

Muchas cosas importantes pasan frente a sus ojos **sin** darse cuenta, pero esta no. Más que ingredientes de primera **calidad**, la intención con la que **sirven** los **platos** cuenta mucho más.

Many important things pass in front of his eyes without him realizing it, but not this one. More than top-quality ingredients, the intention with which they serve the dishes counts for much more.

Al cabo de unos meses, Christian **obtiene** su **certificado**. Habla muy bien la lengua española y tiene conversaciones diversas en cualquier **entorno**. En un supermercado, al pedir direcciones, al ir a un restaurante, al hablar con la **operadora telefónica** o al momento de ir al **gimnasio**, por nombrar algunos ejemplos.

After a few months, Christian gets his certificate. He speaks Spanish very well and has diverse conversations in any environment. In a supermarket, when asking for directions, going to a restaurant, talking to the telephone operator, or when going to the gym, to name a few examples.

Casi todos sus amigos están de regreso en sus países de origen, pero Christian y Yussef, su amigo de Arabia Saudita, siguen en España. Un día se reúnen a hablar y compartir una **clásica** paella. Hablan sobre **temas** diferentes, pero de repente, Yussef le dice algo muy **interesante**.

Almost all his friends are back in their home countries, but Christian and Yussef, his friend from Saudi Arabia, are still in Spain. One day they meet to talk and share a classic paella. They talk about different topics, but suddenly, Yussef tells him something very interesting.

- **Yussef:** Me encantaría conocer Latinoamérica. Hay mucha **diversidad** cultural y es increíble.
- **Christian:** ¿Hay otra razón por la que quisieras ir?
- **Yussef:** Por supuesto. Me dijiste que tenías amigos latinos, ¿no?
- **Christian:** Así es.
- **Yussef:** ¿Y si te dijera que la escuela de idiomas es tan sólo el **principio**?
- **Christian:** No logro entender.
- **Yussef:** En España hay distintos **acentos**, **dialectos** y **jergas**, pero es sólo un país. Imagínate que eso mismo **ocurre** con muchos países distintos. Piénsalo.

- ***Yussef**: I would love to see Latin America. There is so much cultural diversity, and it's incredible.*
- ***Christian**: Is there another reason why you would like to go?*
- ***Yussef**: Of course. You told me you have Latin friends, right?*
- ***Christian**: That's right.*
- ***Yussef**: What if I said to you that language school is just the beginning?*
- ***Christian**: I don't understand.*
- ***Yussef**: In Spain, there are different accents, dialects, and slang, but it's just one country. Imagine that the same is true for many other countries. Think about it.*

Christian **recuerda** sus amigos latinos. Algunos son de México y otros de Venezuela y Costa Rica. Siempre los encuentra hablando entre sí y comparando las mismas palabras con diferentes significados.

Christian remembers his Latino friends. Some are from Mexico, and others from Venezuela and Costa Rica. He always finds them talking to each other and comparing the exact words with different meanings.

Gracias a las **palabras** del chef, Christian puede **reconocer** que su camino recién acaba de empezar. Es verdad, España es el origen del idioma, pero no es el fin del mismo.

Thanks to the chef's words, Christian can recognize that his journey has only just begun. It is true, Spain is the origin of the language, but it is not the end of it.

Al cabo de unos meses, Christian ya se encuentra de regreso en su ciudad natal, que es Nueva York. Unos días después de llegar de España, se reúne con sus amigos, pues todos quieren saber de su experiencia.

After a few months, Christian is on his way back to his hometown in New York. A few days after arriving from Spain, he meets up with his friends, who all want to hear about his experience.

Allí les contó sobre las personas de todo el mundo que pudo conocer. Su parte favorita del viaje fue la comida típica española. Cada **sabor** lo acompaña todos los días y recuerda ese restaurante especial con mucho aprecio.

He told them about the people from all over the world he was able to meet, and about his favorite part of the trip which was the typical Spanish food. Every day he remembers the flavors of that meal, and he remembers that special restaurant with much appreciation.

En esa reunión, Christian hace muchas preguntas a sus amigos latinos sobre sus países, y lo mejor de todo es que **mantiene** una conversación **fluida** en español. Todos **están** muy impresionados. Casi parece como si fuera una persona distinta, pero sigue siendo él mismo, sólo que con mayor **madurez**.

At that meeting, Christian asks his Latino friends many questions about their countries, and best of all, he has a fluent conversation in Spanish. Everyone is very impressed. It almost seems as if he is a different person, but he is still himself, just more mature.

Su siguiente objetivo es visitar el país natal de sus amigos, los cuales son México, Costa Rica y Venezuela. Su plan es visitarlos en ese orden y aprender un poco sobre sus acentos y cosas únicas.

His next goal is to visit his friends' home countries; Mexico, Costa Rica, and Venezuela. He plans to visit them in that order, and learn a little about their accents and uniqueness.

Christian empieza a trabajar como intérprete para distintas empresas. Ha podido conocer más personas de todo el mundo y aprender un poco de cada cultura. El tiempo pasa y su trabajo logra llevarlo a conocer toda América del **Sur**.

Christian starts working as an interpreter for different companies. He has been able to meet more people from all over the world and learn a bit about each culture. Time goes by, and his work takes him all over South America.

En las ciudades de cada país que visita, se detiene un momento para comer un plato típico de la región. Tiene el **honor** de probar la bandeja paisa colombiana, el pabellón venezolano, el mate argentino, y el ceviche peruano, por nombrar algunos. Todavía no ha **podido** ir a América **Central**, pero sigue en sus **planes**. Espera ir muy pronto y **continuar** con su experiencia.

In the cities of each country he visits, he stops for a moment to eat a typical regional dish. He has the honor of tasting the Colombian bandeja paisa, the Venezuelan pabellón, the Argentine mate, and the Peruvian ceviche, to name a few. He has not yet been able to go to Central America, but it is still in his plans. He hopes to go very soon and continue his experience.

Él se da cuenta de que puede conocer la cultura a través de las personas. A veces esto es tan importante como ir de visita a esos países. Christian ahora se **considera** una persona más tranquila y curiosa, sin ser tan calculador como antes. Realmente es alguien diferente y mucho más maduro. El mundo tiene muchas **oportunidades** a la vuelta de cada **esquina**. Cada persona que tuvo el gusto de conocer vive por siempre en su corazón.

He realizes that he can get to know the culture through the people. Sometimes this is as important as going to visit those countries. Christian now considers himself a calmer and more curious person, without being as set in his ways as before. He really is someone different and much more mature. The world has many opportunities around every corner. Every person he had the pleasure of meeting lives forever in his heart.

Resumen

Christian es un profesor de inglés que acaba de llegar a España. Después de haber estudiado bien su propio idioma, está listo para aprender uno nuevo. Él tiene muchos amigos y conocidos de Latinoamérica, y gracias a su influencia, decide aprender este idioma. En su salón de clases, puede hablar con personas de diferentes partes del mundo. Conforme pasa el tiempo, Christian se hace amigo de ellos. Tienen como costumbre ir a distintos restaurantes de comida típica española, y así aprender más a fondo el país. Un día, él y sus amigos prueban la paella y, maravillado, decide hablar con el chef y preguntarle sobre ese plato. Esta persona decide compartir un secreto importante de la cocina de su restaurante, el cual causa una gran impresión en Christian.

Luego de un tiempo, Christian aprueba exitosamente sus clases de español, y casi todos sus amigos regresan a sus países de origen. Yussef, uno de los que aún siguen en España, comparte con él una anécdota sobre el idioma español. Sus palabras ayudan a que la mente de Christian se abra aún más.

De regreso en los Estados Unidos, se reúne con sus amigos para contarles anécdotas sobre su aventura en España. Allí logra tener una conversación fluida en español, y ellos le sugieren visitar sus países natales en una próxima aventura. De esa forma podrá conocer más sobre culturas, jergas, acentos y demás. Al pasar un tiempo, Christian consigue un trabajo como intérprete que lo lleva a visitar toda América del Sur, así como trabajar con más personas del mundo. Prueba distintas comidas típicas de varios países y regiones. Se da cuenta de que puede conocer la cultura a través de las personas, y que eso es tan importante como visitar los países por sí mismo.

Summary

Christian is an English teacher who has just arrived in Spain. After having studied his language well, he is ready to learn a new one. Christian has many friends and acquaintances from Latin America, and thanks to their influence, he decides to learn their language. In his classroom, he can talk with people from different parts of the world. As time goes by, Christian becomes friends with them. They have a habit of going to different restaurants with typical Spanish food, and learn more about the country.

One day, he and his friends try the paella, and amazed, Christian decides to talk to the chef and ask him about the dish. This person decides to share an important secret of his restaurant's cuisine, which makes a great impression on Christian.

After a while, Christian successfully passes his Spanish classes, and almost all of his friends return to their home countries. Yussef, one of those that remains in Spain, shares with him an anecdote about the Spanish language. His words help open up Christian's mind even more.

Back in the United States, he meets with his friends to tell them tales about his adventure in Spain. There he manages to have a fluent conversation in Spanish, and they suggest that he visit their home countries on a future adventure. That way, he can learn more about cultures, slang, accents, and so on. After a while, Christian gets a job as an interpreter, which leads him to visit all of South America and work with more people from around the world. He tries different traditional dishes from various countries and regions. He realizes that he can learn about the culture through the people, and that this is just as important as visiting the countries themselves.

Preguntas
Questions

1. **¿De dónde son los amigos de Christian? / Where are Christian's friends from?**
   a. Chile, Colombia y Bolivia.
   b. Nicaragua, El Salvador y Perú.
   c. Venezuela, Costa Rica y México.
   d. México, Perú y Colombia.
2. **¿Cuál es el plato español favorito de Christian? / What is Christian's favorite Spanish dish?**
   a. Paella.
   b. Pabellón.
   c. Ceviche.
   d. Lasagna.
3. **¿Qué partes de Latinoamérica ha visitado Christian hasta ahora? / What parts of Latin America has Christian visited so far?**
   a. Sólo América del Sur.

b. Sólo América Central.
c. América del Sur y América Central.
d. América del Norte y América del Sur.

4. ¿Cómo vieron sus amigos a Christian una vez que regresó? / How did his friends see Christian once he returned?

a. Más maduro y tranquilo.
b. Más gracioso y nervioso.
c. Igual de frío y calculador.
d. Todas las anteriores.

5. ¿Qué hizo Christian después de terminar la escuela de idiomas? / What did Christian do after finishing language school?

a. Se quedó un tiempo más en España.
b. Regresó inmediatamente a su casa.
c. Visitó otros países de Europa.
d. Se quedó a vivir en España.

Respuestas

Answers

1. Venezuela, Costa Rica y México.
2. Paella.
3. Sólo América del Sur.
4. Más maduro y tranquilo.
5. Se quedó un tiempo más en España.

Vocabulary List

The words in this list are essential for learning the Spanish language, and for better understanding the story. This list contains pronouns, adjectives, nouns, adverbs, prepositions, among others from the story. Some words have several meanings, so try to relate them according to the context.

Acentos	Accents
Aspecto	Aspect/ Appearance
Calidad	Quality
Central	Central

Certificado	Certificate
Clásica	Classic
Correctamente	Correctly
Cuando	When
Culturas	Cultures
Dialectos	Dialects
Dificultad	Difficult
Distintos	Different
Diversidad	Diversity
Dónde	Where
Entorno	Environment
Entusiasmo	Enthusiasm
Español	Spanish
Esquina	Corner
Experiencia	Experience
Fluida	Fluid
Genial	Great
Gimnasio	Gym
Honor	Honor
Importante	Important
Impresionado	Impressed
Intención	Intention
Interesante	Interesting
Jergas	Slang
Lógica	Logic
Madurez	Maturity
Mezcla	Mix
Noción	Notion
Nuestra	Our
Ocasiones	Occasions
Operadora telefónica	Telephone operator
Oportunidades	Opportunities
Palabras	Words

Partes	Parts
Pedacito	Bit
Pensativo	Thoughtful
Planes	Plans
Platos	Saucers/Dishes
Principio	Beginning
Qué	What
Sabor	Taste
Sin	Without
Sin embargo	However
Suficientes	Enough
Sur	South
También	Also
Temas	Topics
Tradicional	Traditional
Última	Last
Virtud	Virtue

Verb List

These are some verbs found in the story, conjugated in the easiest verb tenses. To make it easier, we have added a translation in infinitive for each verb.

Spanish verb	Spanish verb translation	Spanish infinitive form
Acercarse	Approach	Acercar
Conoce	Knows	Conocer
Considera	Consider	Considerar
Continuar	Continue	Continuar
Descubren	Discover	Descubrir
Dominando	Mastering	Dominar
Encontrar	Find	Encontrar
Están	Are	Estar
Mantiene	Maintains	Mantener

Obtiene	Gets	Obtener
Ocurre	Occurs	Ocurrir
Podido	Been able to	Poder
Prueba	Test/Taste/Try	Probar
Queda	Stay/Remains	Quedar
Reconocer	Recognize	Reconocer
Recuerda	Remember	Recordar
Sirven	Serve	Servir

Personal Pronouns

Yo	I
Tú	You
Él/Ella/Usted (Ud.)	He/She/You
Nosotros	We
Ellos/Ellas/Ustedes (Uds.)	They/They/You.

Verb Conjugation

Infinitive Form	**Infinitive Translation**	**Simple Present**	**Simple Future**	**Simple Past**
Acercar	Approach	• yo acerco • tú acercas • él/ ella/ Ud. acerca • nosotros acercamos • ellos/ ellas/ Uds. acercan	• yo acercaré • tú acercarás • él/ ella/ Ud. acercará • nosotros acercaremos • ellos/ ellas/ Uds. acercarán	• yo acerqué • tú acercaste • él/ ella/ Ud. acercó • nosotros acercamos • ellos/ ellas/ Uds. acercaron
Conocer	Know	• yo conozco • tú conoces • él/ ella/ Ud. conoce • nosotros conocemos	• yo conoceré • tú conocerás • él/ ella/ Ud. conocerá • nosotros conoceremos	• yo conocí • tú conociste • él/ ella/ Ud. conoció • nosotros conocimos

		• ellos/ ellas/ Uds. conocen	• ellos/ ellas/ Uds. conocerán	• ellos/ ellas/ Uds. conocieron
Considerar	Consider	• yo considero • tú consideras • él/ ella/ Ud. considera • nosotros consideramos • ellos/ ellas/ Uds. consideran	• yo consideraré • tú considerarás • él/ ella/ Ud. considerará • nosotros consideraremos • ellos/ ellas/ Uds. considerarán	• yo consideré • tú consideraste • él/ ella/ Ud. consideró • nosotros consideramos • ellos/ ellas/ Uds. consideraron
Continuar	Continue	• yo continúo • tú continúas • él/ ella/ Ud. continúa • nosotros continuamos • ellos/ ellas/ Uds. continúan	• yo continuaré • tú continuarás • él/ ella/ Ud. continuará • nosotros continuaremos • ellos/ ellas/ Uds. continuarán	• yo continué • tú continuaste • él/ ella/ Ud. continuó • nosotros continuamos • ellos/ ellas/ Uds. continuaron
Desaparecer	Disappear	• yo desaparezco • tú desapareces • él/ ella/ Ud. desaparece • nosotros desaparecemos • ellos/ ellas/ Uds. desaparecen	• yo desapareceré • tú desaparecerás • él/ ella/ Ud. desaparecerá • nosotros desapareceremos • ellos/ ellas/ Uds. desaparecerán	• yo desaparecí • tú desapareciste • él/ ella/ Ud. desapareció • nosotros desaparecimos • ellos/ ellas/ Uds. desaparecieron
Descubrir	Discover	• yo descubro • tú descubres • él/ ella/ Ud. descubre	• yo descubriré • tú descubrirás • él/ ella/ Ud. descubrirá	• yo descubrí • tú descubriste

		• nosotros descubrimos • ellos/ ellas/ Uds. descubren	• nosotros descubriremos • ellos/ ellas/ Uds. descubrirán	• él/ ella/ Ud. descubrió • nosotros descubrimos • ellos/ ellas/ Uds. descubrieron
Dominar	Master	• yo domino • tú dominas • él/ ella/ Ud. domina • nosotros dominamos • ellos/ ellas/ Uds. dominan	• yo dominaré • tú dominarás • él/ ella/ Ud. dominará • nosotros dominaremos • ellos/ ellas/ Uds. dominarán	• yo dominé • tú dominaste • él/ ella/ Ud. dominó • nosotros dominamos • ellos/ ellas/ Uds. dominaron
Encontrar	Find	• yo encuentro • tú encuentras • él/ ella/ Ud. encuentra • nosotros encontramos • ellos/ ellas/ Uds. encuentran	• yo encontraré • tú encontrarás • él/ ella/ Ud. encontrará • nosotros encontraremos • ellos/ ellas/ Uds. encontrarán	• yo encontré • tú encontraste • él/ ella/ Ud. encontró • nosotros encontramos • ellos/ ellas/ Uds. encontraron
Estar	Be	• yo estoy • tú estás • él/ ella/ Ud. está • nosotros estamos • ellos/ ellas/ Uds. están	• yo estaré • tú estarás • él/ ella/ Ud. estará • nosotros estaremos • ellos/ ellas/ Uds. estarán	• yo estuve • tú estuviste • él/ ella/ Ud. estuvo • nosotros estuvimos • ellos/ ellas/ Uds. estuvieron
Mantener	Maintain	• yo mantengo • tú mantienes • él/ ella/ Ud. mantiene • nosotros mantenemos	• yo mantendré • tú mantendrás • él/ ella/ Ud. mantendrá • nosotros mantendremos	• yo mantuve • tú mantuviste • él/ ella/ Ud. mantuvo • nosotros mantuvimos

		• ellos/ ellas/ Uds. mantienen	• ellos/ ellas/ Uds. mantendrán	• ellos/ ellas/ Uds. mantuvieron
Obtener	Get	• yo obtengo • tú obtienes • él/ ella/ Ud. obtiene • nosotros obtenemos • ellos/ ellas/ Uds. obtienen	• yo obtendré • tú obtendrás • él/ ella/ Ud. obtendrá • nosotros obtendremos • ellos/ ellas/ Uds. obtendrán	• yo obtuve • tú obtuviste • él/ ella/ Ud. obtuvo • nosotros obtuvimos • ellos/ ellas/ Uds. obtuvieron
Ocurrir	Occur	• yo ocurro • tú ocurres • él/ ella/ Ud. ocurre • nosotros ocurrimos • ellos/ ellas/ Uds. ocurren	• yo ocurriré • tú ocurrirás • él/ ella/ Ud. ocurrirá • nosotros ocurriremos • ellos/ ellas/ Uds. ocurrirán	• yo ocurrí • tú ocurriste • él/ ella/ Ud. ocurrió • nosotros ocurrimos • ellos/ ellas/ Uds. ocurrieron
Poder	Be able to	• yo puedo • tú puedes • él/ ella/ Ud. puede • nosotros podemos • ellos/ ellas/ Uds. pueden	• yo podré • tú podrás • él/ ella/ Ud. podrá • nosotros podremos • ellos/ ellas/ Uds. podrán	• yo pude • tú pudiste • él/ ella/ Ud. pudo • nosotros pudimos • ellos/ ellas/ Uds. pudieron
Probar	Test/ Taste/ Try	• yo pruebo • tú pruebas • él/ ella/ Ud. prueba • nosotros probamos • ellos/ ellas/ Uds. prueban	• yo probaré • tú probarás • él/ ella/ Ud. probará • nosotros probaremos • ellos/ ellas/ Uds. probarán	• yo probé • tú probaste • él/ ella/ Ud. probó • nosotros probamos • ellos/ ellas/ Uds. probaron

Quedar	Stay/ Remains	• yo quedo • tú quedas • él/ ella/ Ud. queda • nosotros quedamos • ellos/ ellas/ Uds. quedan	• yo quedaré • tú quedarás • él/ ella/ Ud. quedará • nosotros quedaremos • ellos/ ellas/ Uds. quedarán	• yo quedé • tú quedaste • él/ ella/ Ud. quedó • nosotros quedamos • ellos/ ellas/ Uds. quedaron
Reconocer	Recognize	• yo reconozco • tú reconoces • él/ ella/ Ud. reconoce • nosotros reconocemos • ellos/ ellas/ Uds. reconocen	• yo reconoceré • tú reconocerás • él/ ella/ Ud. reconocerá • nosotros reconoceremos • ellos/ ellas/ Uds. reconocerán	• yo reconocí • tú reconociste • él/ ella/ Ud. reconoció • nosotros reconocimos • ellos/ ellas/ Uds. reconocieron
Recordar	Remember	• yo recuerdo • tú recuerdas • él/ ella/ Ud. recuerda • nosotros recordamos • ellos/ ellas/ Uds. recuerdan	• yo recordaré • tú recordarás • él/ ella/ Ud. recordará • nosotros recordaremos • ellos/ ellas/ Uds. recordarán	• yo recordé • tú recordaste • él/ ella/ Ud. recordó • nosotros recordamos • ellos/ ellas/ Uds. recordaron
Servir	Serve	• yo sirvo • tú sirves • él/ ella/ Ud. sirve • nosotros servimos • ellos/ ellas/ Uds. sirven	• yo serviré • tú servirás • él/ ella/ Ud. servirá • nosotros serviremos • ellos/ ellas/ Uds. servirán	• yo serví • tú serviste • él/ ella/ Ud. sirvió • nosotros servimos • ellos/ ellas/ Uds. sirvieron

Chapter 6:

Carlos y su padre
Carlos and His Father

Carlos es un niño de diez años que disfruta mucho de las caminatas por su **barrio**. Desde muy pequeño **acostumbra** a hacerlo. Le encanta **recorrer** las aceras en los días **soleados** y despejados. A veces piensa en otros lugares que quiere visitar, como **pueblos** que ve de paso durante viajes con su familia.

Carlos is a ten-year-old boy who enjoys walking around his neighborhood. He has been doing so since he was very young. Carlos loves to walk the sidewalks on sunny and clear days. Sometimes he thinks about other places that he wants to visit, like the towns he sees during his family trips.

Él siempre **sueña** con la idea de **decorar** su habitación con recuerdos de estos lugares. Recuerdos grandiosos y especiales. También le llama le interesa la **radio** y **pertenece** a la **emisora** escolar.

He always dreams about the idea of decorating his room with memories of these places. Great and special memories. He is also interested in radio and works on the school radio station.

Allí hacen **transmisiones** sobre **deportes**, **arte**, **música**, **ciencias** y otros **acontecimientos**. Sus profesores están muy contentos con él, pues es un niño con mucho **carisma**. También suele ser un **invitado** especial para **narrar** algunos **partidos** del equipo de **fútbol** local. Las personas de la ciudad van poco a poco reconociendo su nombre.

There they make broadcasts about sports, art, music, science and other events. His teachers are pleased with him, as he is a very charismatic child. He also has the special job of commentating on some of the local soccer team's games. The people of the city are gradually starting to recognize his name.

A Carlos le gusta mucho hablar con su **papá**, Alfredo. De él aprende muchas cosas, incluyendo lo relacionado con la radio. Su padre es **locutor profesional** y le da mucho gusto ver a su hijo **siguiendo** ese camino. Se nota que algún día lo va a **superar**, pues es muy **talentoso** en todo lo que hace.

Carlos likes to talk to his dad, Alfredo, a lot. He learns a lot of things from him, including much about radio. His father is a professional broadcaster, and it gives him great pleasure to see his son following that path. It is clear that someday he will surpass him, because he is very talented in everything he does.

El papá de Carlos sale a caminar con su hijo durante la semana. Eso les ayuda a **relajarse** y **despejar** la mente. Su barrio está repleto de **rosas** y otras **flores coloridas**. Hay mucho arte en cada **pared**, así como **músicos tocando** sus instrumentos en restaurantes. Es un ambiente tranquilo y **lleno** de cosas para ver. A Alfredo **realmente** le gusta pasar el tiempo con Carlos.

Carlos' father goes for walks with his son during the week. It helps them relax and clear their minds. Their neighborhood is full of roses and other colorful flowers. There is a lot of art on every wall and musicians playing their instruments in restaurants. It is a peaceful environment and full of things to see. Alfredo really loves spending time with Carlos.

Al lado de su padre, aprende sobre los mejores **micrófonos** y otras herramientas para la **locución**. Sabe de **cables**, consolas, **audífonos** y otros equipos. A pesar de esto, su padre siempre le dice unas palabras que permanecen grabadas en el **corazón** de Carlos.

At his father's side, Carlos learns about the best microphones and other tools for voiceover. He knows about cables, consoles, headphones and other equipment. But above all this shared knowledge, there are a few words his father said, that remain engraved in Carlos' heart.

- **Carlos:** Me gusta este nuevo micrófono. Junto con los audífonos que recibí en diciembre, será una **combinación** genial. Siempre son importantes unos buenos bajos.
- **Alfredo:** Estoy seguro de que así es. Puedes tener buenos equipos, pero siempre sé **tú mismo**.
- **Carlos:** ¿A qué te refieres?
- **Alfredo:** Siempre que salgas por la radio, que las personas escuchen a Carlos. Llega a sus corazones, pero también sé humilde y sencillo.

Carlos aún no **comprende** del todo esas palabras, pero sabe que es algo muy importante.

- ***Carlos**: I like this new microphone. Together with the headphones I received in December, it will be a great combination. Good bass is always essential.*
- ***Alfredo**: I'm sure it is. You can have good equipment, but always be yourself.*
- ***Carlos**: What do you mean?*
- ***Alfredo**: Whenever you go on the radio, let people listen to Carlos. Reach their hearts, but also be humble and simple.*

Carlos still doesn't fully understand those words, but he knows that it's something very important.

Un par de años después, Alfredo **recibe** una invitación para ir a **Europa**. Es seleccionado como **comentarista** de la **Copa** Mundial de Fútbol. Es uno de los sueños más grandes del padre de Carlos. Esta oportunidad llega a sus **manos** por su larga **trayectoria** y **reconocimiento**. Su familia está muy **feliz** y desean celebrar con él antes de su viaje. Carlos se siente muy **feliz**, pero una parte de él también está **triste**.

A couple of years later, Alfredo receives an invitation to Europe. He is selected as a commentator for the soccer World Cup. It is one of the biggest dreams of Carlos' father. This opportunity comes to his hands because of his long trajectory and recognition. His family is thrilled, and they want to celebrate with him before his trip. Carlos is very happy, but a part of him is also sad.

Es la primera vez que se va de viaje por tanto tiempo. Su papá necesita viajar un mes antes y la Copa del Mundo de fútbol tiene una de duración de un mes. Esta vez es muy **lejos** y son necesarios muchos **preparativos**.

It is the first time that his father will have been away for such a long time. Alfredo needs to travel a month before the event starts, and the soccer World Cup is a month-long tournament. He will be going far away, and a lot of preparations are necessary.

Al paso de unos días, Alfredo **nota** a Carlos un poco **distante**. Él sabe que se siente triste. Aún no sabe cómo acercarse, pero decide tomarlo con un poco más de calma. Carlos no deja de sentirse triste, pero **tampoco** sabe qué hacer.

After a few days, Alfredo notices that Carlos is a little distant. He knows he feels sad. He still doesn't know how to approach it but decides to take it a little slower. Carlos doesn't stop feeling sad, but he doesn't know what to do either.

Él sabe que es uno de los **sueños** más grandes de su **querido** papá, así que no se opone. Sin embargo, Carlos ha **cancelado** varias transmisiones en la radio escolar. Tampoco toca sus equipos durante un tiempo. Un día, después de clases, regresa a su casa caminando.

He knows it's one of his dear dad's biggest dreams, so he doesn't object. However, Carlos has canceled several broadcasts on the school radio. He also doesn't touch his equipment for a while. One day, after school, he walks home.

Se **sumerge** en sus pensamientos mientras ve el **atardecer**. De repente, alguien se acerca y le toca un hombro. Carlos **voltea** a mirar y es Camila, una compañera de clases y también **vecina**. Ambos suelen tomar la misma **ruta** de regreso a casa, pero muy pocas veces coinciden.

He is immersed in his thoughts as he watches the sunset. Suddenly, someone approaches and taps him on the shoulder. Carlos turns to look, and it is Camila, a classmate and also a neighbor. They both usually take the same route home, but they rarely coincide.

- **Camila:** ¡Hola, Carlos!
- **Carlos:** Hola, Camila. ¿Cómo estás?
- **Camila:** Estoy bien. Vivimos cerca, pero es la segunda vez que te veo por aquí.
- **Carlos:** Es verdad.

- **Camila:** Supe que tu papá va a **participar** en el próximo Mundial. ¿Es cierto?
- **Carlos:** Así es. Se va dentro de poco.
- **Camila:** Te noto muy triste. Sé que es **duro** que las personas que más quieres se vayan lejos, pero vas a ver que no será durante mucho. Imagina todas las cosas increíbles que te va a contar. En unos años, serás tú quien lo haga. Ánimo. ¡Eres muy **bueno**!

- ***Camila**: Hi, Carlos!*
- ***Carlos**: Hi, Camila, how are you?*
- ***Camila**: I'm doing well. We live so close to each other, but this is only the second time I've seen you here.*
- ***Carlos**: That's true.*
- ***Camila**: I heard that your dad is going to participate in the next World Cup. Is that true?*
- ***Carlos**: That's right, he's leaving soon.*
- ***Camila**: You look very sad. I know it's hard for the people you love the most to go far away, but you'll see that it won't be for long. Imagine all the incredible things he's going to tell you. In a few years, you'll be the one to do it. Cheer up. You're so good!*

Camila decide quedarse en una **frutería** que está en el camino, y Carlos se queda boquiabierto con sus palabras. Uno de sus deseos más grandes es ser un locutor muy reconocido, y esa profesión le puede abrir muchas puertas. Se siente muy bien de pronto, y sigue caminando por las calles coloridas y llenas de música. "Muchas gracias, Camila", piensa.

Camila decides to stop off at a fruit shop down the road, and Carlos is left speechless by her words. One of his greatest desires is to be a well-known announcer, and that profession can open many doors for him. He feels great all of a sudden, and keeps walking through the colorful and music-filled streets. "Thank you very much, Camila," he thinks.

Tres días antes del viaje de su padre, Carlos **prepara** una sorpresa. Hace un álbum con sus fotos juntos. Este álbum incluye fotos de Carlos sujetando sus primeros audífonos, de algunas caminatas en el barrio, de cuando se **mudan** a su propia casa y otros momentos **inolvidables**. En la **página** final dice "gracias por **enseñarme**, por ser mi héroe y por ser el mejor padre del mundo". El papá de Carlos, conmovido, **abraza** muy fuerte a su hijo y le dice:

Three days before his father's trip, Carlos prepares a surprise. He makes an album of photos of them both together. This album includes pictures of Carlos holding his first headphones, some walks around the neighborhood, when they moved into their house, and other unforgettable moments. On the final page, it says, "thank you for teaching me, for being my hero, and for being the best father in the world." Carlos' father, moved, hugs his son very tightly and says:

- **Alfredo:** Me **tomas** por sorpresa esta vez, ¿eh?
- **Carlos:** Espero que te guste, papá.
- **Alfredo:** Es el regalo más genial que me han dado.
- **Carlos:** Espero muy emocionado tu regreso para que me cuentes todas tus anécdotas. También espero ver muchas **fotos** geniales.
- **Alfredo:** Por supuesto que sí. Eso y mucho más.
- **Carlos:** No estoy molesto por tu viaje. No sabía cómo sentirme, pero ahora estoy muy bien.
- **Alfredo:** El tiempo suele pasar muy rápido. Ya verás.

- ***Alfredo**: You're taking me by surprise this time, huh?*
- ***Carlos**: I hope you like it, Dad.*
- ***Alfredo**: It's the coolest present I've ever been given.*
- ***Carlos**: I'm really looking forward to your return so you can tell me all your anecdotes. I also hope to see lots of great pictures.*
- ***Alfredo**: Of course. That and much more.*
- ***Carlos**: I am not upset about your trip. I didn't know how to feel, but now I am very happy.*
- ***Alfredo**: Time usually goes by very fast. You will see.*

Unas semanas después, llega el gran día. Alfredo se **despide** de su querido hijo y familia, y con una gran sonrisa en su rostro les dice: "**vuelvo** pronto".

A few weeks later, the big day arrives. Alfredo says goodbye to his beloved son and family, and with a big smile on his face, he tells them, "I'll be back soon."

Resumen

Carlos es un niño de diez años que disfruta de las caminatas por su barrio. Su padre es locutor profesional, y Carlos también quiere incursionar en ese mundo. Es parte del equipo de radio escolar y las personas lo reconocen por su buen trabajo. Su padre, Alfredo, quiere mucho a su hijo, y desde muy pequeño salen a caminar mientras disfrutan de los colores de su barrio, así como de la música que allí se puede encontrar. Carlos ha aprendido mucho sobre equipos de radio, cables, audífonos, micrófonos y consolas.

Debido a la gran labor de su papá en su campo de trabajo, recibe una invitación para ser comentarista de la siguiente Copa Mundial de Fútbol en Europa. Es uno de los sueños más grandes de Alfredo. Carlos está muy orgulloso, pero no puede evitar sentirse triste. Su padre jamás había viajado tan lejos.

Un día, mientras Carlos iba de regreso a casa, se encuentra con una compañera que le da ánimos, y sus palabras le hacen sentir calidez y tranquilidad. Decide preparar una sorpresa para su padre, unos días antes del viaje. En secreto, hace un álbum de fotos en donde enmarca muchos momentos juntos que van a durar en sus corazones por siempre. Carlos se encarga de hacerle saber a su papá lo importante que es para él, lo mucho que lo admira, y que espera escuchar muchas historias y anécdotas después de cumplir con su trabajo.

Summary

Carlos is a ten-year-old boy who enjoys walking around his neighborhood. His father is a professional broadcaster, and Carlos wants to get into that world as well. He is part of the school radio team, and people recognize him for his good work. His father, Alfredo, loves his son very much, and from a very young age, they go for walks while enjoying the colors of their neighborhood and the music that can be found there. Carlos has learned a lot about radio equipment, cables, headphones, microphones, and consoles.

Due to the great job done by his father in his field of work, he receives an invitation to be a commentator for the next soccer World Cup in Europe.

It is one of Alfredo's biggest dreams. Carlos is very proud, but he can't help feeling sad. His father has never travelled so far.

One day, while Carlos was on his way home, he meets a classmate who encourages him, and her words make him feel warm and reassured. He decides to prepare a surprise for his father, a few days before the trip. Secretly, he makes a photo album where he frames many moments together that will remain in their hearts forever. Carlos makes sure to let his father know how important he is to him, how much he admires him, and that he looks forward to hearing many stories and anecdotes after his job is done.

Preguntas

Questions

1. **¿Cuál es la profesión de Alfredo? / What is Alfredo's profession?**
   a. Locutor profesional.
   b. Arquitecto.
   c. Profesor.
   d. Futbolista.
2. **¿Qué regalo le hace Carlos a su padre? / What gift does Carlos give his father?**
   a. Una carta.
   b. Un balón de fútbol autografiado.
   c. Un álbum de fotos.
   d. Audífonos nuevos.
3. **¿Qué le pide Carlos a su padre al regresar? / What does Carlos ask his father for when he returns?**
   a. Camisetas de los equipos.
   b. Un viaje a la próxima Copa Mundial.
   c. Fotos y anécdotas.
   d. Un par de zapatos nuevos.
4. **¿Cuál es uno de los sueños de Alfredo? / What is one of Alfredo's dreams?**
   a. Trabajar en la Copa Mundial.
   b. Tener una tienda de micrófonos.
   c. Tener su propia radio.
   d. Vivir en Europa.

5. **¿Cuánto tiempo estará ausente el padre de Carlos? / How long will Carlos' father be away?**
   a. Cuatro meses.
   b. Dos meses.
   c. Seis semanas.
   d. Un mes.

Respuestas

Answers

1. Locutor profesional.
2. Un álbum de fotos.
3. Fotos y anécdotas.
4. Trabajar en la Copa Mundial.
5. Dos meses.

Vocabulary List

The words in this list are essential for learning the Spanish language, and for better understanding the story. This list contains pronouns, adjectives, nouns, adverbs, prepositions, among others from the story. Some words have several meanings, so try to relate them according to the context.

Acontecimientos	Events
Arte	Art
Atardecer	Sunset
Audífonos	Headphones
Barrio	Neighborhood
Bueno	Good
Cables	Cables
Carisma	Charisma
Ciencias	Science
Combinación	Combination
Comentarista	Commentator
Coloridas	Colorful

Copa	Cup
Corazón	Heart
Deportes	Sports
Distante	Distant
Duro	Hard
Emisora	Broadcaster/Radio station
Europa	Europe
Feliz	Happy
Flores	Flowers
Fotos	Photos/Pictures
Frutería	Fruit Shop
Fútbol	Soccer
Inolvidables	Unforgettable
Invitado	Guest
Lejos	Far
Lleno	Full
Locución	Voiceover
Locutor	Announcer/Broadcaster/Narrator
Manos	Hands
Micrófonos	Microphones
Música	Music
Músicos	Musicians
Página	Page
Papá	Dad
Pared	Wall
Partidos	Matches
Preparativos	Preparations
Profesional	Professional
Pueblos	People
Querido	Dear
Radio	Radio
Realmente	Really
Reconocimiento	Acknowledgement

Rosas	Roses
Ruta	Route
Soleados	Sunny
Sueños	Dreams
Talentoso	Talented
Tampoco	Either
Transmisiones	Transmissions
Trayectoria	Trajectory
Triste	Sad
Tú mismo	Yourself
Vecina	Neighbor

Verb List

These are some verbs found in the story, conjugated in the easiest verb tenses. To make it easier, we have added a translation in infinitive for each verb.

Spanish verb	Spanish verb translation	Spanish infinitive form
Abraza	Hug	Abrazar
Acostumbra	Is used to/In the habit of	Acostumbrar
Cancelado	Canceled	Cancelar
Comprende	Understand	Comprender
Decorar	Decorate	Decorar
Despejar	Clear	Despejar
Despide	Say goodbye/Farewell	Despedir
Enseñarme	Teach me	Enseñar
Mudan	Move	Mudar
Narrar	Narrate	Narrar
Nota	Note	Notar
Participar	Participate	Participar
Pertenece	Belongs	Pertenecer
Prepara	Prepares	Preparar
Recibe	Receives	Recibir

Recorrer	Walk/Tour/Travel	Recorrer
Relajarse	Relax	Relajar
Siguiendo	Following	Seguir
Sueña	Dreams	Soñar
Sumerge	Dives	Sumergir
Superar	Overcome	Superar
Tocando	Playing/Touching	Tocar
Tomas	Takes	Tomar
Voltea	Turns around	Voltear
Vuelvo	Return	Volver

Personal Pronouns

Yo	I
Tú	You
Él/Ella/Usted (Ud.)	He/She/You
Nosotros	We
Ellos/Ellas/Ustedes (Uds.)	They/They/You.

Verb Conjugation

Infinitive Form	**Infinitive Translation**	**Simple Present**	**Simple Future**	**Simple Past**
Abrazar	Hug	• yo abrazo • tú abrazas • él/ ella/ Ud. abraza • nosotros abrazamos • ellos/ ellas/ Uds. abrazan	• yo abrazaré • tú abrazarás • él/ ella/ Ud. abrazará • nosotros abrazaremos • ellos/ ellas/ Uds. abrazarán	• yo abracé • tú abrazaste • él/ ella/ Ud. abrazó • nosotros abrazamos • ellos/ ellas/ Uds. abrazaron

Acostumbrar	Is used to	• yo acostumbro • tú acostumbras • él/ ella/ Ud. acostumbra • nosotros acostumbramos • ellos/ ellas/ Uds. acostumbran	• yo acostumbraré • tú acostumbrarás • él/ ella/ Ud. acostumbrará • nosotros acostumbraremos • ellos/ ellas/ Uds. acostumbrarán	• yo acostumbré • tú acostumbraste • él/ ella/ Ud. acostumbró • nosotros acostumbramos • ellos/ ellas/ Uds. acostumbraron
Cancelar	Cancel	• yo cancelo • tú cancelas • él/ ella/ Ud. cancela • nosotros cancelamos • ellos/ ellas/ Uds. cancelan	• yo cancelaré • tú cancelarás • él/ ella/ Ud. cancelará • nosotros cancelaremos • ellos/ ellas/ Uds. cancelarán	• yo cancelé • tú cancelaste • él/ ella/ Ud. canceló • nosotros cancelamos • ellos/ ellas/ Uds. cancelaron
Comprender	Understand	• yo comprendo • tú comprendes • él/ ella/ Ud. comprende • nosotros comprendemos • ellos/ ellas/ Uds. comprenden	• yo comprenderé • tú comprenderás • él/ ella/ Ud. comprenderá • nosotros comprenderemos • ellos/ ellas/ Uds. comprenderán	• yo comprendí • tú comprendiste • él/ ella/ Ud. comprendió • nosotros comprendimos • ellos/ ellas/ Uds. comprendieron
Decorar	Decorate	• yo decoro • tú decoras • él/ ella/ Ud. decora • nosotros decoramos	• yo decoraré • tú decorarás • él/ ella/ Ud. decorará • nosotros decoraremos	• yo decoré • tú decoraste • él/ ella/ Ud. decoró • nosotros decoramos

		• ellos/ ellas/ Uds. decoran	• ellos/ ellas/ Uds. decorarán	• ellos/ ellas/ Uds. decoraron
Despejar	Clear	• yo despejo • tú despejas • él/ ella/ Ud. despeja • nosotros despejamos • ellos/ ellas/ Uds. despejan	• yo despejaré • tú despejarás • él/ ella/ Ud. despejará • nosotros despejaremos • ellos/ ellas/ Uds. despejarán	• yo despejé • tú despejaste • él/ ella/ Ud. despejó • nosotros despejamos • ellos/ ellas/ Uds. despejaron
Despedir	Say goodbye	• yo despido • tú despides • él/ ella/ Ud. despide • nosotros despedimos • ellos/ ellas/ Uds. despiden	• yo despediré • tú despedirás • él/ ella/ Ud. despedirá • nosotros despediremos • ellos/ ellas/ Uds. despedirán	• yo despedí • tú despediste • él/ ella/ Ud. despidió • nosotros despedimos • ellos/ ellas/ Uds. despidieron
Enseñar	Teach	• yo enseño • tú enseñas • él/ ella/ Ud. enseña • nosotros enseñamos • ellos/ ellas/ Uds. enseñan	• yo enseñaré • tú enseñarás • él/ ella/ Ud. enseñará • nosotros enseñaremos • ellos/ ellas/ Uds. enseñarán	• yo enseñé • tú enseñaste • él/ ella/ Ud. enseñó • nosotros enseñamos • ellos/ ellas/ Uds. enseñaron
Mudar	Move	• yo mudo • tú mudas • él/ ella/ Ud. muda • nosotros mudamos • ellos/ ellas/ Uds. mudan	• yo mudaré • tú mudarás • él/ ella/ Ud. mudará • nosotros mudaremos • ellos/ ellas/ Uds. mudarán	• yo mudé • tú mudaste • él/ ella/ Ud. mudó • nosotros mudamos • ellos/ ellas/ Uds. mudaron

Narrar	Narrate	• yo narro • tú narras • él/ ella/ Ud. narra • nosotros narramos • ellos/ ellas/ Uds. narran	• yo narraré • tú narrarás • él/ ella/ Ud. narrará • nosotros narraremos • ellos/ ellas/ Uds. narrarán	• yo narré • tú narraste • él/ ella/ Ud. narró • nosotros narramos • ellos/ ellas/ Uds. narraron
Notar	Note	• yo noto • tú notas • él/ ella/ Ud. nota • nosotros notamos • ellos/ ellas/ Uds. notan	• yo notaré • tú notarás • él/ ella/ Ud. notará • nosotros notaremos • ellos/ ellas/ Uds. notarán	• yo noté • tú notaste • él/ ella/ Ud. notó • nosotros notamos • ellos/ ellas/ Uds. notaron
Participar	Participat e	• yo participo • tú participas • él/ ella/ Ud. participa • nosotros participamos • ellos/ ellas/ Uds. participan	• yo participaré • tú participarás • él/ ella/ Ud. participará • nosotros participaremos • ellos/ ellas/ Uds. participarán	• yo participé • tú participaste • él/ ella/ Ud. participó • nosotros participamos • ellos/ ellas/ Uds. participaron
Pertenecer	Belong	• yo pertenezco • tú perteneces • él/ ella/ Ud. pertenece • nosotros pertenecemo s • ellos/ ellas/ Uds. pertenecen	• yo perteneceré • tú pertenecerás • él/ ella/ Ud. pertenecerá • nosotros pertenecerem os • ellos/ ellas/ Uds. pertenecerán	• yo pertenecí • tú perteneciste • él/ ella/ Ud. perteneció • nosotros pertenecimo s • ellos/ ellas/ Uds. pertenecieron •

Preparar	Prepare	• yo preparo • tú preparas • él/ ella/ Ud. prepara • nosotros preparamos • ellos/ ellas/ Uds. preparan	• yo prepararé • tú prepararás • él/ ella/ Ud. preparará • nosotros prepararemos • ellos/ ellas/ Uds. prepararán	• yo preparé • tú preparaste • él/ ella/ Ud. preparó • nosotros preparamos • ellos/ ellas/ Uds. prepararon
Recibir	Receive	• yo recibo • tú recibes • él/ ella/ Ud. recibe • nosotros recibimos • ellos/ ellas/ Uds. reciben	• yo recibiré • tú recibirás • él/ ella/ Ud. recibirá • nosotros recibiremos • ellos/ ellas/ Uds. recibirán	• yo recibí • tú recibiste • él/ ella/ Ud. recibió • nosotros recibimos • ellos/ ellas/ Uds. recibieron
Recorrer	Walk/ Tour/ Travel	• yo recorro • tú recorres • él/ ella/ Ud. recorre • nosotros recorremos • ellos/ ellas/ Uds. recorren	• yo recorreré • tú recorrerás • él/ ella/ Ud. recorrerá • nosotros recorreremos • ellos/ ellas/ Uds. recorrerán	• yo recorrí • tú recorriste • él/ ella/ Ud. recorrió • nosotros recorrimos • ellos/ ellas/ Uds. recorrieron
Relajar	Relax	• yo relajo • tú relajas • él/ ella/ Ud. relaja • nosotros relajamos • ellos/ ellas/ Uds. relajan	• yo relajaré • tú relajarás • él/ ella/ Ud. relajará • nosotros relajaremos • ellos/ ellas/ Uds. relajarán	• yo relajé • tú relajaste • él/ ella/ Ud. relajó • nosotros relajamos • ellos/ ellas/ Uds. relajaron
Seguir	Follow	• yo sigo • tú sigues • él/ ella/ Ud. sigue	• yo seguiré • tú seguirás • él/ ella/ Ud. seguirá	• yo seguí • tú seguiste • él/ ella/ Ud. siguió

		• nosotros seguimos • ellos/ ellas/ Uds. siguen	• nosotros seguiremos • ellos/ ellas/ Uds. seguirán	• nosotros seguimos • ellos/ ellas/ Uds. siguieron
Soñar	Dream	• yo sueño • tú sueñas • él/ ella/ Ud. sueña • nosotros soñamos • ellos/ ellas/ Uds. sueñan	• yo soñaré • tú soñarás • él/ ella/ Ud. soñará • nosotros soñaremos • ellos/ ellas/ Uds. soñarán	• yo soñé • tú soñaste • él/ ella/ Ud. soñó • nosotros soñamos • ellos/ ellas/ Uds. soñaron
Sumergir	Dive	• yo sumerjo • tú sumerges • él/ ella/ Ud. sumerge • nosotros sumergimos • ellos/ ellas/ Uds. sumergen	• yo sumergiré • tú sumergirás • él/ ella/ Ud. sumergirá • nosotros sumergiremos • ellos/ ellas/ Uds. sumergirán	• yo sumergí • tú sumergiste • él/ ella/ Ud. sumergió • nosotros sumergimos • ellos/ ellas/ Uds. sumergieron
Superar	Overcome	• yo supero • tú superas • él/ ella/ Ud. supera • nosotros superamos • ellos/ ellas/ Uds. superan	• yo superaré • tú superarás • él/ ella/ Ud. superará • nosotros superaremos • ellos/ ellas/ Uds. superarán	• yo superé • tú superaste • él/ ella/ Ud. superó • nosotros superamos • ellos/ ellas/ Uds. superaron
Tocar	Play/ Touch	• yo toco • tú tocas • él/ ella/ Ud. toca • nosotros tocamos • ellos/ ellas/ Uds. tocan	• yo tocaré • tú tocarás • él/ ella/ Ud. tocará • nosotros tocaremos • ellos/ ellas/ Uds. tocarán	• yo toqué • tú tocaste • él/ ella/ Ud. tocó • nosotros tocamos • ellos/ ellas/ Uds. tocaron

Tomar	Take	• yo tomo • tú tomas • él/ ella/ Ud. toma • nosotros tomamos • ellos/ ellas/ Uds. toman	• yo tomaré • tú tomarás • él/ ella/ Ud. tomará • nosotros tomaremos • ellos/ ellas/ Uds. tomarán	• yo tomé • tú tomaste • él/ ella/ Ud. tomó • nosotros tomamos • ellos/ ellas/ Uds. tomaron
Voltear	Turn around	• yo volteo • tú volteas • él/ ella/ Ud. voltea • nosotros volteamos • ellos/ ellas/ Uds. voltean	• yo voltearé • tú voltearás • él/ ella/ Ud. volteará • nosotros voltearemos • ellos/ ellas/ Uds. voltearán	• yo volteé • tú volteaste • él/ ella/ Ud. volteó • nosotros volteamos • ellos/ ellas/ Uds. voltearon
Volver	Return	• yo vuelvo • tú vuelves • él/ ella/ Ud. vuelve • nosotros volvemos • ellos/ ellas/ Uds. vuelven	• yo volveré • tú volverás • él/ ella/ Ud. volverá • nosotros volveremos • ellos/ ellas/ Uds. volverán	• yo volví • tú volviste • él/ ella/ Ud. volvió • nosotros volvimos • ellos/ ellas/ Uds. volvieron

Chapter 7:

Primera experiencia culinaria
First Culinary Experience

Alexa es una chef profesional y su **especialidad** es la **repostería**. Ama cualquier cosa que tenga chocolate, pues su **postre** favorito es el pastel de chocolate tradicional. Ella hace muchos tipos de **pasteles** y postres en general.

Alexa is a professional chef, and her specialty is baking. She loves anything with chocolate in it, as her favorite dessert is traditional chocolate cake. She makes many types of cakes and desserts in general.

Le encanta probar distintas **combinaciones** y **sabores**. Tiene treinta y cinco años, y se ha **interesado** por este mundo desde muy joven, pues su mamá le enseñó todo lo que sabe. Realmente ama su **carrera** y tiene mucho éxito en su ciudad.

She loves to try different combinations and flavors. She is thirty-five years old, and has been interested in this area since she was very young, as her mother taught her everything she knows. She really loves her career and is very successful in her city.

Alexa también es **mamá** y su **hijo** se llama Mario. Él pronto va a **cumplir** ocho años y, como regalo, Alexa le quiere enseñar a preparar su **primer** pastel de chocolate. Mario no se puede **contener**, pues **admira** mucho a su mamá y es su fan número uno. Todas las mañanas, ve a Alexa **despertar temprano** y preparar una **taza** de café antes de trabajar. Alexa ama el **orden** y sus **utensilios** siempre están bien **organizados**.

Alexa is also a mom, and her son's name is Mario. He will soon be eight years old, and as a gift, Alexa wants to teach him how to make his first chocolate cake. Mario can't contain himself, as he admires his mother very much and is her number one fan. Every morning, he sees Alexa wake up early and make a cup of coffee before work. Alexa loves order, and her utensils are always well organized.

Tiene **básculas** de diferentes **tamaños**, **cucharas**, **jarras** y **tazas** medidoras, **rodillos**, **varillas,** entre otras cosas. También tiene distintos **ingredientes**, como chocolate en **polvo**, **chispas** de chocolate, chocolate blanco, **avellanas**, **maní**, **nueces**, M&M's, **galletas**, y una infinidad más.

She has scales of different sizes, spoons, measuring cups and jars, rolling pins, and rods, among other things. She also has various ingredients, like chocolate powder, chocolate chips, white chocolate, hazelnuts, peanuts, walnuts, M&M's, cookies, and much more.

Los **estantes** siempre están bien repletos. Nunca falta nada, pues Alexa siempre está **pendiente** de los **detalles**. La repostería es su trabajo y también su vida.

The shelves are always well-stocked. Nothing is ever missing, because Alexa always pays attention to detail. Baking is her job, as well as her life.

- **Alexa:** Cariño, hoy es el gran día. ¡Feliz cumpleaños!
- **Mario:** ¡Muchas gracias, mamá! Estoy muy emocionado. Quiero aprender muchas cosas hoy contigo.
- **Alexa:** Hoy aprenderás a hacer tu primer pastel de chocolate. Ya tengo todo listo.
- **Mario:** Muy bien. Los invitados que vienen en la tarde tendrán el honor de probar mi primera creación.
- **Alexa:** ¡Así es! En tanto, piensa en lo que quieres para la **decoración** mientras traigo más harina de la tienda.
- **Mario:** Está bien, mamá. Que te vaya bien.

- ***Alexa**: Honey, today is the big day. Happy birthday!*

- ***Mario**: Thank you so much, Mom! I am very excited. I want to learn many things from you today.*
- ***Alexa**: Today, you will learn how to make your first chocolate cake. I have everything ready.*
- ***Mario**: Very good. The guests coming in the afternoon will have the honor of tasting my first creation.*
- ***Alexa**: That's right! In the meantime, think about what you want for decoration while I get more flour from the store.*
- ***Mario**: Okay, mom. Have a nice trip.*

Luego de eso, Alexa sale a buscar una **bolsa** de **harina** a la tienda. Mario cree que se va a tardar unos treinta minutos, así que decide pensar en la decoración del pastel. Su mamá suele **visitar** la tienda de una amiga de su abuela, que está en el negocio de la repostería desde hace más de cincuenta años.

After that, Alexa goes out to get a sack of flour from the store. Mario thinks she will take about thirty minutes, so he decides to think about decorating the cake. His mom usually visits the store of a friend of his grandmother's, who has been in the baking business for over fifty years.

La **tiendita** es muy conocida en su ciudad, y Alexa **compra** todos sus ingredientes allí. Se encuentran cosas por cantidades grandes como la harina, la **mantequilla**, los **huevos**, el **azúcar**, la **leche** y el **polvo de hornear**.

The little shop is well known in her town, and Alexa buys all her ingredients there. One can find things in large quantities such as flour, butter, eggs, sugar, milk, and baking powder.

El plan que tienen para hoy es **hornear** un gran pastel de chocolate. Mario decide invitar a su abuela y otros **familiares**, incluyendo primos y tíos. Sus amigos de la escuela también están invitados. Quiere **celebrar** su día con las personas más cercanas y queridas por él, acompañado de una rica comida. Mario ya sabe qué ingredientes incluir para la cobertura.

Their plan for today is to bake a large chocolate cake. Mario decides to invite his grandmother and other family members, including cousins and uncles. His friends from school are also invited. He wants to celebrate his day with the people closest and dearest to him, accompanied by a delicious meal. Mario already knows what ingredients to include for the topping.

Luego de un rato, llega Alexa. Está muy feliz y lista para poner manos a la obra. Su intención es **guiar** a Mario durante el **proceso**. No quiere **intervenir** a menos de que sea absolutamente necesario. A su lado, le dice lo que debe hacer. Ya en la cocina, Alexa le **pide** una hoja de papel y un **lápiz** para que pueda anotar los ingredientes y sus **cantidades**.

After a while, Alexa arrives. She is thrilled and ready to get down to work. Her intention is to guide Mario through the process. She doesn't want to intervene unless it is absolutely necessary. Standing next to him, she tells him what to do. Once in the kitchen, Alexa asks him to get a sheet of paper and a pencil so he can write down the ingredients and the quantities.

- **Alexa:** ¿Preparado para anotar? Mi receta consta de 600 **gramos** de chocolate oscuro, 5 cucharadas de mantequilla, 250 gramos de azúcar, 7 huevos. ¿Cómo vas?
- **Mario:** Muy bien.
- **Alexa:** Bien. Continúo. Dos **cucharaditas** de esencia de vainilla, una cucharadita de bicarbonato... ¿Qué crees que falta?
- **Mario:** Una cucharadita de sal, 1 taza de agua y 600 gramos de harina.
- **Alexa:** Muy bien. Estamos listos.

- ***Alexa**: Are you ready to take notes? My recipe consists of 600 grams of dark chocolate, 5 tablespoons of butter, 250 grams of sugar, 7 eggs. How are you doing?*
- ***Mario**: Very well.*
- ***Alexa**: Good. I'll continue. Two teaspoons of vanilla essence, one teaspoon of baking soda... What do you think is missing?*
- ***Mario**: One teaspoon of salt, 1 cup of water, and 600 grams of flour.*
- ***Alexa**: Very good. We are ready.*

Después de anotar los ingredientes y sus cantidades, Mario procede a pesar cada uno de ellos. Para eso usa **recipientes**, tazas y una báscula.

After writing down the ingredients and their quantities, Mario proceeds to weigh each of them. For this, he uses containers, cups, and a scale.

Todo está listo para la acción. Mario pone a calentar el horno a 180 **grados** para derretir la mantequilla junto con el chocolate oscuro. Su madre le dice "es necesario no dejarlo **cocinar** mucho tiempo para que no se queme". Mario está muy concentrado y sigue cada indicación. Él quiere que el pastel quede increíble, y hacer sentir orgullosa a su mamá.

Everything is ready for action. Mario heats the oven to 180 degrees to melt the butter with the dark chocolate. His mother tells him, "It is important not to let it cook for too long, so that it doesn't burn." Mario is very focused and follows every instruction carefully. He wants the cake to look amazing, and make his mom proud.

Una vez que el chocolate se ha derretido, comienza la parte difícil: el esfuerzo físico, como también mezclar las cosas de forma ordenada y siguiendo los pasos.

Once the chocolate has melted, the difficult part begins: The physical effort, as well as mixing things in an orderly fashion and following the steps.

A continuación, Mario mezcla el chocolate **derretido** con el azúcar, utilizando una batidora especial. Alexa le dice "tienes que batir de manera uniforme y con vigor. La idea es que el azúcar se mezcle bien para que no se sientan los granos al **masticar**". El siguiente paso consiste en **agregar** los huevos, la **canela**, la vainilla y la sal, y continuar batiendo. En este momento, Mario está exhausto y decide tomar una pequeña pausa.

Mario then mixes the melted chocolate with the sugar, using a special whisk. Alexa tells him, "You need to whisk evenly and vigorously. The idea is that the sugar mixes well so that you don't feel the grains when you chew". The next step is to add the eggs, cinnamon, vanilla, and salt, and continue whisking. At this point, Mario is exhausted and decides to take a short break.

- **Alexa:** ¿Qué opinas?
- **Mario:** Lo haces parecer muy fácil.
- **Alexa:** (Risas) Llevo años haciendo esto, y a veces me siento exhausta después de hacer una sola torta.

- ***Alexa**: What do you think?*
- ***Mario**: You make it look so easy.*

- ***Alexa**: (laughs) I have been doing this for years, and sometimes I feel exhausted after making just one cake.*

En ese momento, suena el timbre y ambos se miran a los ojos.

At that moment, the doorbell rings, and they both look each other in the eye.

- **Alexa:** ¡Ya llegan los invitados!
- **Mario:** No hay tiempo para descansar.

- ***Alexa**: The guests are starting to arrive!*
- ***Mario**: There is no time to rest.*

Mario retoma su actividad mientras Alexa recibe a su mamá en la puerta. Mario se alegra por su llegada, pero a la vez siente un poco más de presión. Esto se debe a que su abuela es la maestra de maestras, y quien le enseñó a su madre ese arte.

Mario resumes his activity while Alexa greets her mother at the door. Mario is happy about her arrival, but at the same time, he feels a little more pressured. This is because his grandmother is the teacher of teachers, and the one who taught his mother the art of baking.

- **Lucía**: ¡Feliz cumpleaños, querido nieto!
- **Mario**: ¡Muchas gracias, abuelita!
- **Lucía**: Espero con ansias probar tu pastel. Tu mamá y yo te queremos y **apoyamos**. Sé que va a resultar genial.

- ***Lucía**: Happy birthday, dear grandson!*
- ***Mario**: Thank you very much, grandma!*
- ***Lucía**: I look forward to tasting your cake. Your mom and I love and support you. I know it's going to turn out great.*

Luego de esas palabras llenas de cariño, Mario se siente más tranquilo. Así que **prosigue** con el siguiente paso, el cual es añadir la harina y el **bicarbonato**. Para finalizar agrega el agua y mezcla un poco más para dar por terminado este procedimiento. Con el horno ya caliente, Mario procede a verter la mezcla cuidadosamente en un molde. El molde fue previamente enmantequillado para evitar que el pastel se pegue. Lo mete al horno durante unos 35 minutos. Mario aprovecha ese tiempo para tomar una ducha y vestirse mientras llegan los demás.

After these words full of affection, Mario feels calmer. So he gets on with the next step, which is to add the flour and the baking soda. Finally, he adds the water and mixes a little more to finish the procedure. With the oven already hot, Mario proceeds to carefully pour the mixture into a mold. The mold was previously buttered to prevent the cake from sticking. He bakes it in the oven for about 35 minutes. Mario uses this time to take a shower and get dressed while the others arrive.

Luego de un rato, Mario baja a **saludar** a todos y agradecerles por su visita. Luego va rápidamente a la cocina para sacar el pastel del horno. Quedó perfecto. Se ve glorioso, **suave**, **esponjoso** y huele delicioso. Todos están ansiosos por probarlo.

After a while, Mario comes downstairs to greet everyone and thank them for their visit. Then he quickly goes to the kitchen to take the cake out of the oven. It's perfect. It looks glorious, soft, fluffy, and it smells delicious. They are all eager to try it.

Alexa usa una crema de chocolate previamente preparada como decoración. Luego Mario procede a cubrirlo con gotas de chocolate normal, gotas de chocolate blanco y maní. Se ve increíble. Lo pone en una bandeja y lo lleva a la sala donde están todos.

Alexa uses a previously prepared chocolate cream as decoration. Mario then proceeds to cover it with regular chocolate drops, white chocolate drops, and peanuts. It looks amazing. He puts it on a tray and takes it to the living room where everyone is.

Luego de **cantar** el **cumpleaños** todos prueban el pastel y quedan maravillados. Quedó espectacular.

- **Alexa**: ¿Cómo te sientes?
- **Mario**: Me siento genial, mamá. Quedó mejor de lo que pensé. ¡Gracias por ser la mejor maestra del mundo!

After singing the birthday song, they all try the cake and are amazed. It turned out spectacular.

- ***Alexa**: How are you feeling?*
- ***Mario**: I feel great, Mom. It turned out better than I thought it would. Thank you for being the best teacher in the world!*

Resumen

Alexa es una chef profesional y su especialidad son los postres. Ama el chocolate y su postre favorito es el pastel de chocolate tradicional. Ella es muy exitosa en su ciudad, y aprendió este arte gracias a su mamá, quien le enseñó todo lo que sabe. Hoy cumple años su hijo, Mario, y ella quiere enseñarle a hacer su primer pastel de chocolate. Con los ingredientes y utensilios listos, ambos empiezan a trabajar. La intención de Alexa es servir de guía, mientras Mario se encarga de preparar la mezcla. Mario quiere que este pastel de chocolate quede genial para que todos sus invitados lo prueben. Poco a poco, él sigue los pasos rigurosamente y se asegura de que nada quede desatendido.

Es necesario emplear fuerza y resistencia durante este proceso para que no hayan grumos, y que cada ingrediente quede bien mezclado. Es necesario también que el horno sea calentado previamente a 180 grados. Luego de un rato, llega Lucía, la abuela de Mario. Ella es quien le enseñó todo a Alexa, y él estaba un poco nervioso por eso. Ella es la maestra de maestras. Cuando Lucía entra, felicita a su querido nieto y le da palabras de ánimo y cariño, pues quiere probar su creación. Una vez terminado el proceso, Mario sube a su habitación para bañarse y vestirse, y luego saluda a todos los invitados. Luego de sacar el pastel del horno, se dan cuenta de que se ve increíble. Se ve delicioso, suave y esponjoso. Vierten la crema de chocolate para la cobertura, y al final gotas de chocolate normal y blanco, y maní. Todos los invitados quedan fascinados con la obra de Mario, y todos terminan pasando un día muy bonito.

Summary

Alexa is a professional chef, and her specialty is desserts. She loves chocolate, and her favorite dessert is the traditional chocolate cake. She is very successful in her city, and learned this art thanks to her mom, who taught her everything she knows. Today is her son's's the birthday of her son Mario, Mario, and has a birthday today, and she wants to teach him how to make his first chocolate cake. With the ingredients and utensils ready, they both get to work. Alexa's intention is to serve as a guide, while Mario is in charge of preparing the mixture. Mario wants this chocolate cake to look turn out great for all his guests to try. Little by little, he follows the steps rigorously and takes caremakes sure that nothing is left unattendedout.

It is necessary to use strength and perseverance during this process, so that there are no lumps and each ingredient is well mixed. It is also essential that the oven is pre-heated to 180 degrees. After a while, Lucía, Mario's grandmother, arrives. She is the one who taught Alexa everything, and he is a little nervous about it. She is the teacher of teachers. When Lucía walks in, she congratulates her beloved grandson and gives him words of encouragement and affection, as she wants to try his creation. Once the process is finished, Mario goes up to his room to bathe and dress, and then greets all the guests. After taking the cake out of the oven, they realize that it looks amazing. It looks delicious, soft, and fluffy. They pour the chocolate cream for the topping and, in the end, regular and white chocolate drops, and peanuts. All the guests are fascinated with Mario's work, and end up spending a lovely day together.

Preguntas

Questions

1. **¿Cuál es el pastel favorito de Alexa? / What is Alexa's favorite cake?**
    a. Pastel de limón.
    b. Pastel de terciopelo rojo.
    c. Pastel de chocolate.
    d. Pastel de fresa.
2. **¿Qué utilizó Mario para pesar los ingredientes? / What did Mario use to weigh the ingredients?**
    a. Una balanza.
    b. Una báscula.
    c. Un medidor de madera.
    d. Su mamá pesó todo ella misma.
3. **¿Quién fue la maestra de Alexa? / Who was Alexa's teacher?**
    a. La maestra del instituto.
    b. Su tía.
    c. Aprendió por sí sola.
    d. Su mamá.

4. **¿Qué usaron para la cobertura del pastel? / What did they use for the cake topping?**
   a. Crema de chocolate, gotas de chocolate normal y blanco, y maní.
   b. Dulce de leche y lluvia de chocolate.
   c. Crema batida y coco.
   d. Ninguna de las anteriores.

5. **¿Quién hizo el pastel? / Who made the cake?**
   a. Alexa y Mario.
   b. Sólo Alexa.
   c. Sólo Mario.
   d. Mario y su mamá de guía.

Respuestas

Answers

1. Pastel de chocolate.
2. Una báscula.
3. Su mamá.
4. Crema de chocolate, gotas de chocolate normal y blanco, y maní.
5. Mario y su mamá de guía.

Vocabulary List

The words in this list are essential for learning the Spanish language, and for better understanding the story. This list contains pronouns, adjectives, nouns, adverbs, prepositions, among others from the story. Some words have several meanings, so try to relate them according to the context.

Avellanas	Hazelnuts
Azúcar	Sugar
Básculas	Scales
Bicarbonato	Baking soda
Bolsa	Sack/Bag
Canela	Cinnamon

Cantidades	Quantities
Carrera	Career
Chispas	Sprinkles
Combinaciones	Combinations
Cucharas	Spoons
Cucharaditas	Tea Spoons
Cumpleaños	Birthday
Decoración	Decoration
Derretido	Melted
Detalles	Details
Especialidad	Specialty
Esponjoso	Fluffy
Estantes	Shelves
Familiares	Family Members
Galletas	Cookies
Grados	Degrees
Gramos	Grams
Harina	Flour
Hijo	Son
Huevos	Eggs
Ingredientes	Ingredients
Interesado	Interested
Jarras	Jars
Lápiz	Pencil
Leche	Milk
Mamá	Mom
Maní	Peanuts
Mantequilla	Butter
Nueces	Nuts
Orden	Order
Organizado	Organized
Pasteles	Cakes
Pendiente	Pending

Polvo	Powder
Polvo de hornear	Baking powder
Postre	Dessert
Primer	First
Proceso	Process
Recipientes	Containers
Repostería	Baking/Confectionery
Rodillos	Rolling pins
Sabores	Flavors
Suave	Soft
Tamaños	Sizes
Taza	Cup
Temprano	Early
Tiendita	Little Shop
Utensilios	Utensils
Varillas	Whisk

Verb List

These are some verbs found in the story, conjugated in the easiest verb tenses. To make it easier, we have added a translation in infinitive for each verb.

Spanish verb	**Spanish verb translation**	**Spanish infinitive form**
Admira	Admire	Admirar
Agregar	Add	Agregar
Apoyamos	Support	Apoyar
Cantar	Sing	Cantar
Celebrar	Celebrate	Celebrar
Cocinar	Cook	Cocinar
Compra	Buy	Comprar
Contenerse	Contain himself/herself/themselves	Contenerse

Cumplir	Birthday/Comply/Fulfill	Cumplir
Despertar	Wake up	Despertar
Visitar	Visit	Visitar
Guiar	Guide	Guiar
Hornear	Bake	Hornear
Intervenir	Intervene	Intervenir
Masticar	Chew	Masticar
Pide	Request	Pedir
Prosigue	Proceed	Proseguir
Saludar	Greet	Saludar

Personal Pronouns

Yo	I
Tú	You
Él/Ella/Usted (Ud.)	He/She/You
Nosotros	We
Ellos/Ellas/Ustedes (Uds.)	They/They/You.

Verb Conjugation

Infinitive Form	**Infinitive Translatio n**	**Simple Present**	**Simple Future**	**Simple Past**
Admirar	Admire	• yo admiro • tú admiras • él/ ella/ Ud. admira • nosotros admiramos • ellos/ ellas/ Uds. admiran	• yo admiraré • tú admirarás • él/ ella/ Ud. admirará • nosotros admiraremos • ellos/ ellas/ Uds. admirarán	• yo admiré • tú admiraste • él/ ella/ Ud. admiró • nosotros admiramos • ellos/ ellas/ Uds. admiraron
Agregar	Add	• yo agrego • tú agregas	• yo agregaré • tú agregarás	• yo agregué • tú agregaste

		• él/ ella/ Ud. agrega • nosotros agregamos • ellos/ ellas/ Uds. agregan	• él/ ella/ Ud. agregará • nosotros agregaremos • ellos/ ellas/ Uds. agregarán	• él/ ella/ Ud. agregó • nosotros agregamos • ellos/ ellas/ Uds. agregaron
Apoyamos	Support	• yo apoyo • tú apoyas • él/ ella/ Ud. apoya • nosotros apoyamos • ellos/ ellas/ Uds. apoyan	• yo apoyaré • tú apoyarás • él/ ella/ Ud. apoyará • nosotros apoyaremos • ellos/ ellas/ Uds. apoyarán	• yo apoyé • tú apoyaste • él/ ella/ Ud. apoyó • nosotros apoyamos • ellos/ ellas/ Uds. apoyaron
Cantar	Sing	• yo canto • tú cantas • él/ ella/ Ud. canta • nosotros cantamos • ellos/ ellas/ Uds. cantan	• yo cantaré • tú cantarás • él/ ella/ Ud. cantará • nosotros cantaremos • ellos/ ellas/ Uds. cantarán	• yo canté • tú cantaste • él/ ella/ Ud. cantó • nosotros cantamos • ellos/ ellas/ Uds. cantaron
Celebrar	Celebrate	• yo celebro • tú celebras • él/ ella/ Ud. celebra • nosotros celebramos • ellos/ ellas/ Uds. celebran	• yo celebraré • tú celebrarás • él/ ella/ Ud. celebrará • nosotros celebraremos • ellos/ ellas/ Uds. celebrarán	• yo celebré • tú celebraste • él/ ella/ Ud. celebró • nosotros celebramos • ellos/ ellas/ Uds. celebraron
Cocinar	Cook	• yo cocino • tú cocinas • él/ ella/ Ud. cocina • nosotros cocinamos	• yo cocinaré • tú cocinarás • él/ ella/ Ud. cocinará • nosotros cocinaremos	• yo cociné • tú cocinaste • él/ ella/ Ud. cocinó • nosotros cocinamos

		• ellos/ ellas/ Uds. cocinan	• ellos/ ellas/ Uds. cocinarán	• ellos/ ellas/ Uds. cocinaron
Comprar	Buy	• yo compro • tú compras • él/ ella/ Ud. compra • nosotros compramos • ellos/ ellas/ Uds. compran	• yo compraré • tú comprarás • él/ ella/ Ud. comprará • nosotros compraremos • ellos/ ellas/ Uds. comprarán	• yo compré • tú compraste • él/ ella/ Ud. compró • nosotros compramos • ellos/ ellas/ Uds. compraron
Contenerse	Contain yourself	• yo me contengo • tú te contienes • él/ ella/ Ud. se contiene • nosotros nos contenemos • ellos/ ellas/ Uds. se contienen	• yo me contendré • tú te contendrás • él/ ella/ Ud. se contendrá • nosotros nos contendremos • ellos/ ellas/ Uds. se contendrán	• yo me contuve • tú te contuviste • él/ ella/ Ud. se contuvo • nosotros nos contuvimos • ellos/ ellas/ Uds. se contuvieron
Cumplir	Meet/ Comply/ Fulfill	• yo cumplo • tú cumples • él/ ella/ Ud. cumple • nosotros cumplimos • ellos/ ellas/ Uds. cumplen	• yo cumpliré • tú cumplirás • él/ ella/ Ud. cumplirá • nosotros cumpliremos • ellos/ ellas/ Uds. cumplirán	• yo cumplí • tú cumpliste • él/ ella/ Ud. cumplió • nosotros cumplimos • ellos/ ellas/ Uds. cumplieron
Despertar	Wake up	• yo despierto • tú despiertas • él/ ella/ Ud. despierta • nosotros despertamos	• yo despertaré • tú despertarás • él/ ella/ Ud. despertará • nosotros despertaremos	• yo desperté • tú despertaste • él/ ella/ Ud. despertó • nosotros despertamos

		• ellos/ ellas/ Uds. despiertan	• ellos/ ellas/ Uds. despertarán	• ellos/ ellas/ Uds. despertaron
Visitar	Visit	• yo visito • tú visitas • él/ ella/ Ud. visita • nosotros visitamos • ellos/ ellas/ Uds. visitan	• yo visitaré • tú visitarás • él/ ella/ Ud. visitará • nosotros visitaremos • ellos/ ellas/ Uds. visitarán	• yo visité • tú visitaste • él/ ella/ Ud. visitó • nosotros visitamos • ellos/ ellas/ Uds. visitaron
Guiar	Guide	• yo guío • tú guías • él/ ella/ Ud. guía • nosotros guiamos • ellos/ ellas/ Uds. guían	• yo guiaré • tú guiarás • él/ ella/ Ud. guiará • nosotros guiaremos • ellos/ ellas/ Uds. guiarán	• yo guie • tú guiaste • él/ ella/ Ud. guio • nosotros guiamos • ellos/ ellas/ Uds. guiaron
Hornear	Bake	• yo horneo • tú horneas • él/ ella/ Ud. hornea • nosotros horneamos • ellos/ ellas/ Uds. hornean	• yo hornearé • tú hornearás • él/ ella/ Ud. horneará • nosotros hornearemos • ellos/ ellas/ Uds. hornearán	• yo horneé • tú horneaste • él/ ella/ Ud. horneó • nosotros horneamos • ellos/ ellas/ Uds. hornearon
Intervenir	Intervene	• yo intervengo • tú intervienes • él/ ella/ Ud. interviene • nosotros intervenimos • ellos/ ellas/ Uds. intervienen	• yo intervendré • tú intervendrás • él/ ella/ Ud. intervendrá • nosotros intervendremos • ellos/ ellas/ Uds. intervendrán	• yo intervine • tú interviniste • él/ ella/ Ud. intervino • nosotros intervinimos • ellos/ ellas/ Uds. intervinieron

Masticar	Chew	• yo mastico • tú masticas • él/ ella/ Ud. mastica • nosotros masticamos • ellos/ ellas/ Uds. mastican	• yo masticaré • tú masticarás • él/ ella/ Ud. masticará • nosotros masticaremos • ellos/ ellas/ Uds. masticarán	• yo mastiqué • tú masticaste • él/ ella/ Ud. masticó • nosotros masticamos • ellos/ ellas/ Uds. masticaron
Pedir	Request	• yo pido • tú pides • él/ ella/ Ud. pide • nosotros pedimos • ellos/ ellas/ Uds. piden	• yo pediré • tú pedirás • él/ ella/ Ud. pedirá • nosotros pediremos • ellos/ ellas/ Uds. pedirán	• yo pedí • tú pediste • él/ ella/ Ud. pidió • nosotros pedimos • ellos/ ellas/ Uds. pidieron
Prosigue	Proceed	• yo prosigo • tú prosigues • él/ ella/ Ud. prosigue • nosotros proseguimos • ellos/ ellas/ Uds. prosiguen	• yo proseguiré • tú proseguirás • él/ ella/ Ud. proseguirá • nosotros proseguiremos • ellos/ ellas/ Uds. proseguirán	• yo proseguí • tú proseguiste • él/ ella/ Ud. prosiguió • nosotros proseguimo s • ellos/ ellas/ Uds. prosiguieron
Saludar	Greet	• yo saludo • tú saludas • él/ ella/ Ud. saluda • nosotros saludamos • ellos/ ellas/ Uds. saludan	• yo saludaré • tú saludarás • él/ ella/ Ud. saludará • nosotros saludaremos • ellos/ ellas/ Uds. saludarán	• yo saludé • tú saludaste • él/ ella/ Ud. saludó • nosotros saludamos • ellos/ ellas/ Uds. saludaron

Chapter 8:

Viaje al teleférico de Mérida
Trip to the Mérida Cable Car

Natasha es una joven **estadounidense** que ama viajar. Su familia es famosa por conocer casi todos los **rincones** del mundo. En su casa hay **recuerdos** de sus **viajes** a Egipto, Grecia, Madagascar, Nueva Zelanda, China, México, y un **sinfín** más. Natasha quiere seguir los pasos de su familia, y tener sus propias **experiencias**, fotos y recuerdos.

Natasha is a young American girl who loves to travel. Her family is famous for knowing almost every corner of the world. In their home are souvenirs from their trips to Egypt, Greece, Madagascar, New Zealand, China, Mexico, and countless others. Natasha wants to follow in her family's footsteps, and have her own experiences, photos, and memories.

Su **meta** es recorrer todo Estados Unidos primero, visitar cada **ciudad** y después **tachar** cada punto en el **mapa** que le regaló su abuelo. Ella siente que no **pertenece** sólo a un país, sino que es una **ciudadana** del mundo, y desea hacerle honor a eso.

Her goal is to tour the entire United States first, visit each city and then cross off each dot on the map her grandfather gave her. She feels that she doesn't just belong to one country, but is a citizen of the world instead, and wants to honor that.

Unos seis meses antes de su cumpleaños, sus padres le hacen una **pregunta** a Natasha que le da mucha alegría.

About six months before her birthday, her parents ask Natasha a question that brings her great joy.

- **Papá:** Cariño, tu mamá y yo estuvimos hablando sobre tu cumpleaños número dieciocho.
- **Natasha:** Y sé que ustedes saben exactamente lo que me gustaría hacer.
- **Mamá:** ¡Exactamente! Pensamos en varios **destinos**, pero **paramos** y vinimos directamente a preguntarte.
- **Natasha:** Quiero visitar la ciudad de Mérida en Venezuela.
- **Papá:** Excelente elección.
- **Mamá:** Está decidido. Para tu cumpleaños número dieciocho irás para allá. ¿Te gustaría llevar a Camille?
- **Natasha:** ¡Por supuesto! Será genial visitar Venezuela junto a mi mejor amiga.

- ***Dad**: Honey, your mom and I were talking about your eighteenth birthday.*
- ***Natasha**: And I know that you know exactly what I would like to do.*
- ***Mom**: Exactly! We thought of several destinations, but we stopped and came straight to ask you.*
- ***Natasha**: I want to visit the city of Mérida in Venezuela.*
- ***Dad**: Excellent choice.*
- ***Mom**: It's decided. For your eighteenth birthday, you're going there. Would you like to take Camille?*
- ***Natasha**: Of course! It will be great to visit Venezuela with my best friend.*

Luego de la **conversación**, sus padres se despiden de Natasha y se van a trabajar. Ella inmediatamente le **escribe** a su mejor amiga, Camille, para darle la noticia. Está muy emocionada y también **intrigada** por esa experiencia.

After the conversation, her parents say goodbye to Natasha and leave for work. She immediately texts her best friend, Camille, to tell her the news. She is very excited and also intrigued by the experience.

Camille **acepta** con mucha emoción y le dice que lo va a **discutir** con sus padres. Todavía queda bastante tiempo, y eso les da la oportunidad para **planificar** todo de la mejor forma posible. No es la primera vez que ella acompaña a Natasha en sus viajes. Han tenido la oportunidad de recorrer al menos la mitad de su país **juntas**.

Camille excitedly accepts and tells her that she is going to discuss it with her parents. There is still plenty of time left, allowing them to plan everything in the best possible way. This is not the first time she has accompanied Natasha on her travels. They have had the opportunity to explore at least half of their country together.

Como **celebración** de los dieciséis años de Camille, los padres de ambas **organizaron** un viaje al Parque Nacional de Yellowstone como **regalo**. Sin lugar a dudas, ese es uno de los mejores recuerdos de sus vidas.

In celebration of Camille's sixteenth birthday, their parents organized a trip to Yellowstone National Park as a gift. Without a doubt, that is one of the best memories of their lives.

Unas horas más tarde, Natasha llama a Camille:

- **Natasha:** ¿Qué opinas sobre el viaje?
- **Camille:** ¡Estoy muy emocionada! Durante la tarde, vi varios sitios que podemos visitar.
- **Natasha:** De todos los que has visto, ¿cuál es tu favorito?
- **Camille:** El teleférico de Mérida se ve increíble.
- **Natasha:** ¡No puedo esperar más!

A few hours later, Natasha calls Camille:

- ***Natasha**: What do you think about the trip?*
- ***Camille**: I am very excited! During the afternoon, I saw several places we can visit.*
- ***Natasha**: Of all the ones you've seen, which one is your favorite?*
- ***Camille**: The cable car in Mérida looks amazing.*
- ***Natasha**: I can't wait!*

Natasha busca su laptop e **investiga** un poco más sobre ese lugar. Se da cuenta que mide unas 7.75 millas. Es el **teleférico** más alto del mundo y tiene varias paradas. En las fotos se ve imponente y hermoso. Después de varios minutos, se duerme tranquilamente. Realmente es una **aventura** que vale la pena vivir.

Natasha reaches for her laptop and does a little more research on the cable car. She finds out that it is about 7.75 miles long. It is the highest cable car in the world and has several stops. In the pictures, it looks imposing and beautiful. After several minutes, she falls asleep peacefully. It really is an adventure worth living.

Algunas semanas después, Camille visita a Natasha. Sus papás le dieron **luz verde** para el viaje. Resulta que Camille tiene un **primo** que vive allá desde hace un tiempo. Trabaja en el **Observatorio Astronómico** Nacional como **científico**. Hablaron con él, y su familia las puede recibir y ayudarlas con el recorrido.

A few weeks later, Camille visits Natasha. Her parents gave her the green light for the trip. It turns out that Camille has a cousin who has been living there for some time. He works at the National Astronomical Observatory as a scientist. They talked to him, and his family can host them and help them with the tour.

Por fin llega el día, y las amigas suben al avión. Después de unas seis horas de vuelo, por fin llegan al Aeropuerto Internacional de Maiquetía. Una vez allí son **recibidas** por Richard, el primo de Camille, y su **esposa**, Paula.

Finally, the day arrives, and the friends get on the plane. After about six hours of flying, they finally arrive at Maiquetía International Airport. Once there, they are greeted by Richard, Camille's cousin, and his wife, Paula.

La esposa de Richard es **venezolana** y conoce muy bien ese lugar, así que las lleva a recorrer el aeropuerto durante un rato. Ambas **aprovechan** para comer algo rápido antes del siguiente viaje, pues van en auto hacia Mérida. Esta **segunda** parte del viaje dura unas ocho horas, así que tienen la oportunidad de ver de paso algunas **ciudades** y sus **carreteras**. Venezuela es un país **tropical**, y hace bastante **calor** en los lugares por donde pasan.

Richard's wife is Venezuelan and knows the place very well, so she shows them around the airport for a while. They both take the opportunity to grab a quick bite to eat before the next trip, as they will go by car to Mérida. This second part of the trip is about eight hours long, so they have the opportunity to see some cities and roads on the way. Venezuela is a tropical country, and it is pretty hot in the places they pass through.

El viaje es un poco agotador, y tanto Natasha como Camille se duermen durante algunas horas. A **mitad** de la tarde, **ambas** se despiertan porque de repente sienten un cambio de **clima**. No falta mucho para entrar al **estado** de Mérida.

The trip is a bit tiring, and both Natasha and Camille fall asleep for a few hours. In the middle of the afternoon, they both wake up because they suddenly feel a change in the weather. It is not long before they enter the state of Mérida.

Dicha ciudad es conocida por la belleza de sus **páramos**. Es muy diferente a todo lo que han visto hasta ahora. No parece ser una ciudad muy grande, pero sí se ve **acogedora**.

This city is known for its moorland beauty. It is very different from anything they have seen so far. It doesn't seem to be a very big city, but it does look welcoming.

Empieza a llover mucho y todos suben las ventanas **oscuras** del auto. Al llegar a la casa de Paula y Richard, todos bajan del auto y meten las maletas. Una vez allí, se ponen **cómodos** y hablan hasta tarde en la noche.

It starts to rain heavily, and everyone rolls up the blacked-out car windows. Once they arrive at Paula and Richard's house, everyone gets out of the car and carries their bags inside. Once there, they get comfortable and talk late into the night.

Al día siguiente, van a conocer el **famoso** teleférico. Llegan a la estación e **ingresan**. El Teleférico de Mukumbarí consta de varias **estaciones** y es **inmenso**. Se pueden ver montañas gigantes a los lados. Una vez dentro de un vagón, los cuatro comienzan a ascender.

They go to visit the famous cable car the next day. They arrive at the station and enter. The Mukumbarí cable car consists of several stations and is immense. Giant mountains can be seen on either side. Once inside a car, the four of them start to ascend.

Empiezan en la estación La Montaña, y allí pueden ver gran parte de la ciudad y sus poblados vecinos desde arriba. Una vez llegan a la segunda estación, llamada La Aguada, pueden observar que hay caminos hacia otros parques nacionales como Sierra de la Culata.

They start at La Montaña station, and there they can see a large part of the city and its neighboring towns from above. Once they reach the second station, called La Aguada, they can see trails to other national parks such as Sierra de la Culata.

Esto forma parte de los Andes venezolanos. La siguiente estación se llama La Redonda, y pueden ver **estructuras** modernas, pues fue **remodelado** recientemente. Allí hay cafés, restaurantes y otros sitios para **reunirse** y tomar fotos. Allí hay más de 86 **especies** de frailejón, una planta exclusiva de la **cordillera** de los Andes. Después de bajarse, Richard le habla a Natasha y Camille:

- **Richard:** ¿Cómo están? ¿Les gusta el recorrido?
- **Natasha:** Me encanta. Nunca pensé que fuera tan hermoso.
- **Camille:** Aún hay más estaciones, ¿verdad?
- **Richard:** Así es, pero la atracción principal del recorrido está por **aparecer**.

This is part of the Venezuelan Andes. The next station is called La Redonda, and they can see modern structures, as it was recently renovated. There are cafes, restaurants and other places to meet and take pictures. There are more than 86 species of frailejon, a plant exclusive to the Andes Mountains. After disembarking, Richard speaks to Natasha and Camille:

- ***Richard**: How are you? Are you enjoying the tour?*
- ***Natasha**: I am loving it. I never thought it would be so beautiful.*
- ***Camille**: There are still more stations, right?*
- ***Richard**: That's right, but the main attraction of the tour is about to appear.*

Ambas se miran la una a la otra mientras él las llama y las lleva por un camino. Al cabo de un par de minutos, él les dice "este es el Pico Bolívar". La **imponente** montaña nevada más alta de Venezuela. Con casi cinco mil metros sobre el nivel del mar, es más que **suficiente** para que Natasha y Camille queden **anonadadas**. Este **paraíso** montañoso es una de las principales **atracciones** del país, y suben muchas personas anualmente. Hay una gran historia y cariño por ese **territorio**.

They look at each other as he calls to them and leads them down a path. After a couple of minutes, he tells them, "This is Pico Bolívar." Venezuela's highest snow-capped mountain. At almost five thousand meters above sea level, it is more than enough to leave Natasha and Camille in awe. This mountain paradise is one of the country's main attractions, and many people climb it every year. There is a great history and affection for this territory.

Después de eso, se quedan a **probar** la comida que allí **ofrecen**, acompañada de una buena taza de chocolate caliente. Les gusta mucho estar allí, y piensan que tienen que regresar de nuevo muy **pronto**. Estos paisajes no se ven todos los días, y antes de volver a casa **subirán** otra vez. Ya tienen una nueva **anécdota** para contar en casa, así como un sinfín de fotos espectaculares.

After that, they stay to try the food they offer there, along with a good cup of hot chocolate. They really like it there and decide that they must go back again very soon. These landscapes are not seen every day, and before going back home, they will go up again. They already have a new story to tell at home, as well as countless spectacular photos.

Resumen

Natasha es una joven que ama viajar. Su familia es conocida por tener recuerdos de casi todos los rincones del mundo. Su meta es recorrer su país completamente y marcar el mapa que le dio su abuelo. Su sueño más grande es seguir los pasos de su familia y conocer el mundo. Unos meses antes de su cumpleaños, sus padres quieren organizar un viaje para su celebración. Deciden preguntarle para dónde le gustaría ir, a lo cual ella responde Mérida, Venezuela. Para ese viaje invitan a Camille, su mejor amiga y con quien ha recorrido la mitad del país. Se llevan muy bien y las dos comparten un espíritu aventurero. Semanas después, Camille visita a Natasha en su casa y le cuenta que tiene un familiar que trabaja en el Observatorio Astronómico Nacional, y que puede alojarlas. Los padres de Natasha aceptan, y las chicas ahora esperan ansiosamente a que llegue el día.

Con todo listo, las dos están listas para partir. El vuelo es de unas seis horas, y transcurre sin problemas. Llegan al aeropuerto y el primo de Camille las recibe junto a su esposa. Viajan en auto hacia Mérida y se dan cuenta de que la ciudad no es muy grande, pero sí tranquila y acogedora. Al día siguiente, se van desde la mañana a conocer el famoso teleférico de Mukumbarí, el más alto del mundo. Este consta de varias estaciones, y en cada una pueden apreciar distintas maravillas naturales. Se toman fotos junto a la naturaleza y demás lugares de su agrado. Después de llegar al punto más alto del recorrido, van por un sendero hasta ver por primera vez el majestuoso Pico Bolívar, la cual es la montaña nevada más alta de Venezuela. Es imponente y tiene una altura de casi cinco mil metros. Ha sido una experiencia sin precedentes para ellas, y quieren volver a subir antes de regresar a su país.

Summary

Natasha is a young woman who loves to travel. Her family is known for having souvenirs from almost every corner of the world. Her goal is to travel around her entire country, and mark each place she visits on the map that her grandfather gave her. Her biggest dream is to follow in her family's footsteps and see the world. A few months before her birthday, her parents want to organize a trip to celebrate her birthday. They decide to ask her where she would like to go, to which she answers Mérida, Venezuela. They invite Camille for this trip, her best friend, with whom she has traveled half of the country. They get along very well, and both share an adventurous spirit. Weeks later, Camille visits Natasha at home and tells her that she has a relative who works at the National Astronomical Observatory, and that they can host them. Natasha's parents agree, and the girls are now anxiously waiting for the day to arrive.

With everything set, the two of them are ready to leave. The flight is about six hours long, and goes smoothly. They arrive at the airport, and are met by Camille's cousin and his wife. They drive to Mérida and find out that the city is not very big, but it is quiet and cozy. The next day, they leave in the morning to visit the famous Mukumbarí cable car, the world's highest. This consists of several stations, and l

at each one, they can appreciate different natural wonders. They take pictures of the natural beauty and other places they like. After they reach the highest point of the tour, they walk down a path until they see for the first time the majestic Pico Bolívar, which is the highest snow-capped mountain in Venezuela. It is imposing, and is almost five thousand meters high. It has been an unprecedented experience for them, and they want to go back up before returning to their country.

Preguntas

Questions

1. **¿Qué le regaló el abuelo de Natasha a ella? / What did Natasha's grandfather give her?**
   a. Una brújula.
   b. Una bufanda.
   c. Un mapa.
   d. Un auto.

2. **¿Por qué Camille acompaña a Natasha en ese viaje? / Why does Camille accompany Natasha on this trip?**
   a. Porque ella es su mejor amiga.
   b. Porque ella se invitó sola.
   c. Porque no hay más nadie que vaya con ella.
   d. Ninguna de las anteriores.

3. **¿Qué lugar de Mérida tienen más ganas de visitar? / What place in Mérida do they most want to visit?**
   a. El teleférico de Mukumbarí.
   b. La Laguna de Mucubají.
   c. El zoológico de Mérida.
   d. El Páramo La Culata.

4. **¿Cómo se llama la montaña nevada más grande de Venezuela? / What is the name of the largest snow-capped mountain in Venezuela?**
   a. Salto Ángel.
   b. Pico Bolívar.
   c. Pico Espejo.
   d. Pico Humboldt.

5. **¿Cómo se llama la planta que crece exclusivamente en la cordillera de los Andes? / What is the name of the plant that grows exclusively in the Andes Mountains?**
   a. Frailejón.
   b. Yerbabuena.
   c. Laurel.
   d. Tomillo.

Respuestas

Answers

1. Un mapa.
2. Porque ella es su mejor amiga.
3. El teleférico de Mukumbarí.
4. Pico Bolívar.
5. Frailejón.

Vocabulary List

The words in this list are essential for learning the Spanish language, and for better understanding the story. This list contains pronouns, adjectives, nouns, adverbs, prepositions, among others from the story. Some words have several meanings, so try to relate themaccording to the context.

Acogedora	Welcoming
Ambas	Both
Anécdota	Anecdote/Story
Anonadadas	Awed
Astronómico	Astronomical
Atracciones	Attractions
Aventura	Adventure
Calor	Heat
Carreteras	Roads
Celebración	Celebration
Científico	Scientist
Ciudad	City
Ciudades	Cities
Ciudadana	Citizen
Clima	Weather
Cómodos	Comfortable
Conversación	Conversation

Cordillera	Mountain range
Destinos	Destinations
Especies	Species
Esposa	Wife
Estaciones	Stations
Estado	Status
Estadounidense	American
Estructuras	Structures
Experiencias	Experiences
Famoso	Famous
Imponente	Imposing
Inmenso	Inmense
Intrigada	Intrigued
Juntas	Together
Luz verde	Green light/Approval
Mapa	Map
Meta	Goal
Mitad	Half
Observatorio	Observatory
Oscuras	Dark/Blacked-out
Paraíso	Paradise
Páramos	Moorland/Moors
Pertenece	Belongs
Pregunta	Question
Primo	Cousin
Pronto	Soon
Recuerdos	Souvenirs/Memories
Regalo	Gift
Remodelado	Renovated
Reunirse	Meet
Rincones	Corners
Segunda	Second

Sinfín	Endless
Suficiente	Enough
Teleférico	Cable Car
Territorio	Territory
Tropical	Tropical
Venezolana	Venezuelan
Viajes	Trips

Verb List

These are some verbs found in the story, conjugated in the easiest verb tenses. To make it easier, we have added a translation in infinitive for each verb.

Spanish verb	Spanish verb translation	Spanish infinitive form
Acepta	Accept	Aceptar
Aparecer	Appear	Aparecer
Aprovechan	Take advantage	Aprovechar
Discutir	Discuss/Argue	Discutir
Escribe	Write	Escribir
Ingresan	Enter	Ingresar
Investiga	Investigate/Research	Investigar
Ofrecen	Offer	Ofrecer
Organizaron	Organized	Organizar
Paramos	We stopped	Parar
Planificar	Plan	Planificar
Probar	Taste/Try	Probar
Recibidas	Received	Recibir
Subir	Go up	Subir
Tachar	Cross out/Delete	Tachar

Personal Pronouns

Yo	I
Tú	You
Él/Ella/Usted (Ud.)	He/She/You
Nosotros	We
Ellos/Ellas/Ustedes (Uds.)	They/They/You.

Verb Conjugation

Infinitive Form	**Infinitive Translatio n**	**Simple Present**	**Simple Future**	**Simple Past**
Aceptar	Accept	• yo acepto • tú aceptas • él/ ella/ Ud. acepta • nosotros aceptamos • ellos/ ellas/ Uds. aceptan	• yo aceptaré • tú aceptarás • él/ ella/ Ud. aceptará • nosotros aceptaremos • ellos/ ellas/ Uds. aceptarán •	• yo acepté • tú aceptaste • él/ ella/ Ud. aceptó • nosotros aceptamos • ellos/ ellas/ Uds. aceptaron
Aparecer	Appear	• yo aparezco • tú apareces • él/ ella/ Ud. aparece • nosotros aparecemos • ellos/ ellas/ Uds. aparecen	• yo apareceré • tú aparecerás • él/ ella/ Ud. aparecerá • nosotros apareceremos • ellos/ ellas/ Uds. aparecerán	• yo aparecí • tú apareciste • él/ ella/ Ud. apareció • nosotros aparecimos • ellos/ ellas/ Uds. aparecieron
Aprovecha r	Take advantage	• yo aprovecho • tú aprovechas • él/ ella/ Ud. aprovecha	• yo aprovecharé • tú aprovecharás • él/ ella/ Ud. aprovechará	• yo aproveché • tú aprovechast e • él/ ella/ Ud. aprovechó

		• nosotros aprovechamos • ellos/ ellas/ Uds. aprovechan	• nosotros aprovecharemos • ellos/ ellas/ Uds. aprovecharán	• nosotros aprovechamos • ellos/ ellas/ Uds. aprovecharon
Discutir	Discuss/ Argue	• yo discuto • tú discutes • él/ ella/ Ud. discute • nosotros discutimos • ellos/ ellas/ Uds. discuten	• yo discutiré • tú discutirás • él/ ella/ Ud. discutirá • nosotros discutiremos • ellos/ ellas/ Uds. discutirán	• yo discutí • tú discutiste • él/ ella/ Ud. discutió • nosotros discutimos • ellos/ ellas/ Uds. discutieron
Escribir	Write	• yo escribo • tú escribes • él/ ella/ Ud. escribe • nosotros escribimos • ellos/ ellas/ Uds. escriben	• yo escribiré • tú escribirás • él/ ella/ Ud. escribirá • nosotros escribiremos • ellos/ ellas/ Uds. escribirán	• yo escribí • tú escribiste • él/ ella/ Ud. escribió • nosotros escribimos • ellos/ ellas/ Uds. escribieron
Ingresar	Enter	• yo ingreso • tú ingresas • él/ ella/ Ud. ingresa • nosotros ingresamos • ellos/ ellas/ Uds. ingresan	• yo ingresaré • tú ingresarás • él/ ella/ Ud. ingresará • nosotros ingresaremos • ellos/ ellas/ Uds. ingresarán	• yo ingresé • tú ingresaste • él/ ella/ Ud. ingresó • nosotros ingresamos • ellos/ ellas/ Uds. ingresaron
Investigar	Investigate / Research	• yo investigo • tú investigas • él/ ella/ Ud. investiga • nosotros investigamos	• yo investigaré • tú investigarás • él/ ella/ Ud. investigará • nosotros investigaremos	• yo investigué • tú investigaste • él/ ella/ Ud. investigó • nosotros investigamos

		• ellos/ ellas/ Uds. investigan	• ellos/ ellas/ Uds. investigarán	• ellos/ ellas/ Uds. investigaron
Ofrecer	Offer	• yo ofrezco • tú ofreces • él/ ella/ Ud. ofrece • nosotros ofrecemos • ellos/ ellas/ Uds. ofrecen	• yo ofreceré • tú ofrecerás • él/ ella/ Ud. ofrecerá • nosotros ofreceremos • ellos/ ellas/ Uds. ofrecerán	• yo ofrecí • tú ofreciste • él/ ella/ Ud. ofreció • nosotros ofrecimos • ellos/ ellas/ Uds. ofrecieron
Organizar	Organize	• yo organizo • tú organizas • él/ ella/ Ud. organiza • nosotros organizamos • ellos/ ellas/ Uds. organizan	• yo organizaré • tú organizarás • él/ ella/ Ud. organizará • nosotros organizaremos • ellos/ ellas/ Uds. organizarán	• yo organicé • tú organizaste • él/ ella/ Ud. organizó • nosotros organizamos • ellos/ ellas/ Uds. organizaron
Parar	Stop	• yo paro • tú paras • él/ ella/ Ud. para • nosotros paramos • ellos/ ellas/ Uds. paran	• yo pararé • tú pararás • él/ ella/ Ud. parará • nosotros pararemos • ellos/ ellas/ Uds. pararán	• yo paré • tú paraste • él/ ella/ Ud. paró • nosotros paramos • ellos/ ellas/ Uds. pararon
Planificar	Plan	• yo planifico • tú planificas • él/ ella/ Ud. planifica • nosotros planificamos • ellos/ ellas/ Uds. planifican	• yo planificaré • tú planificarás • él/ ella/ Ud. planificará • nosotros planificaremos • ellos/ ellas/ Uds. planificarán	• yo planifiqué • tú planificaste • él/ ella/ Ud. planificó • nosotros planificamos • ellos/ ellas/ Uds. planificaron

Probar	Taste/ Try	• yo pruebo • tú pruebas • él/ ella/ Ud. prueba • nosotros probamos • ellos/ ellas/ Uds. prueban	• yo probaré • tú probarás • él/ ella/ Ud. probará • nosotros probaremos • ellos/ ellas/ Uds. probarán	• yo probé • tú probaste • él/ ella/ Ud. probó • nosotros probamos • ellos/ ellas/ Uds. probaron
Recibir	Receive	• yo recibo • tú recibes • él/ ella/ Ud. recibe • nosotros recibimos • ellos/ ellas/ Uds. reciben	• yo recibiré • tú recibirás • él/ ella/ Ud. recibirá • nosotros recibiremos • ellos/ ellas/ Uds. recibirán	• yo recibí • tú recibiste • él/ ella/ Ud. recibió • nosotros recibimos • ellos/ ellas/ Uds. recibieron
Subir	Go up	• yo subo • tú subes • él/ ella/ Ud. sube • nosotros subimos • ellos/ ellas/ Uds. suben	• yo subiré • tú subirás • él/ ella/ Ud. subirá • nosotros subiremos • ellos/ ellas/ Uds. subirán	• yo subí • tú subiste • él/ ella/ Ud. subió • nosotros subimos • ellos/ ellas/ Uds. subieron
Tachar	Cross out/ Delete	• yo tacho • tú tachas • él/ ella/ Ud. tacha • nosotros tachamos • ellos/ ellas/ Uds. tachan	• yo tacharé • tú tacharás • él/ ella/ Ud. tachará • nosotros tacharemos • ellos/ ellas/ Uds. tacharán	• yo taché • tú tachaste • él/ ella/ Ud. tachó • nosotros tachamos • ellos/ ellas/ Uds. tacharon

Chapter 9:

Las cuatro estaciones
The Four Seasons

Esta es la historia de Cristofer, un niño de diez años que se muda a una nueva casa en otra ciudad. Actualmente vive muy cerca de la costa con una grandiosa vista al mar. Todos los días al atardecer, comparte una **merienda** con su familia. Conoce el mar y la playa desde su **nacimiento**, y se divierte mucho durante las vacaciones. Disfruta de una vida tranquila, pero ahora sus papás tienen la oportunidad de comprar una casa nueva en una ciudad más alejada.

This is the story of Cristofer, a ten-year-old boy who moves to a new house in another city. He currently lives very close to the coast with a great view of the sea. Every day at sunset, he shares a snack with his family. He has known the sea and the beach since birth and has a lot of fun during the vacations. He enjoys a quiet life, but now his parents have the opportunity to buy a new house in a distant city.

Unas semanas después, Cristofer se despide de todos. Está seguro de volverlos a ver muy pronto otra vez. Sus padres, Tatiana y Carlos, **alquilan** un **camión** para llevar todas sus cosas al nuevo hogar. Los tres empiezan un nuevo viaje lleno de cosas por descubrir y Cristofer siente muchísima curiosidad. Se pregunta cómo son las **calles** por las que va a caminar, los parques donde va a jugar, los **edificios** donde va a ir, la escuela donde va a estudiar y la nueva casa donde va a vivir.

A few weeks later, Cristofer says goodbye to everyone. He is sure he will see them again very soon. His parents, Tatiana and Carlos, rent a truck to take all their possessions to their new home. The three start a new journey full of things to discover, and Cristofer is very curious. He wonders about the streets where he will walk, the parks where he will play, the buildings where he will go, the school where he will study, and the new house where he will live.

Muchas preguntas pasan por su mente y se siente muy a gusto. En un **punto** durante el viaje, decide dormir un poco **mientras** sus padres hablan de diversas cosas. Luego de un rato, él **abre** los ojos, pero no se levanta. Sus papás siguen hablando, y él **presta** atención a sus palabras.

Many questions run through his mind, and he feels very much at ease. At one point during the trip, he decides to get some sleep while his parents talk about various things. After a while, he opens his eyes but doesn't get up. His parents continue talking, and he pays attention to their words.

- **Tatiana:** Estoy muy feliz por nuestra nueva casa.
- **Carlos:** ¡Yo también! Las cosas se dieron de la mejor forma posible. Es una gran oportunidad.
- **Tatiana:** Cristofer tiene más espacio para sus cosas, y ahora la escuela está cerca de casa.
- **Carlos:** Sé que le va a encantar su nueva habitación, así como ver por primera vez las estaciones del año.

Cristofer se siente un poco **confundido** porque no sabe el significado de eso último. "¿Estaciones del año?", se pregunta.

- ***Tatiana**: I am very happy about our new house.*
- ***Carlos**: Me too! Things worked out in the best possible way. It is a great opportunity.*
- ***Tatiana**: Cristofer has more room for his stuff, and now school is close to home.*
- ***Carlos**: I know he is going to love his new room, as well as seeing the seasons for the first time.*

Cristofer is a bit confused because he doesn't know the meaning of that last part. "Seasons?" he wonders.

Un par de horas después, entran a la ciudad. A medida que se acercan, Cristofer se siente sorprendido, pues hay muchísimos árboles altos y espesos. Árboles que no conoce, especialmente por su **tonalidad** amarilla y naranja. Él y sus padres llegan a su nuevo **destino** a **principios** de octubre, y recién empieza el **otoño**.

A couple of hours later, they enter the city. As they get closer, Cristofer is surprised because there are so many tall and thick trees. Trees he is not familiar with, especially their yellow and orange hues. He and his parents arrive at their destination in early October, and autumn is just beginning.

Su mamá le pone una **chaqueta**, pues hace **frío**, más frío del que está **acostumbrado**, pero no se da cuenta en el momento. Una vez llegan a su nueva casa, Cristofer **baja** rápidamente para verla de cerca. Le encanta. Es de dos pisos y tiene mucha madera. El lugar donde ahora viven es muy acogedor y montañoso. Hay varios árboles alrededor, y él simplemente **corre** de un **lado** a otro.

His mom puts a jacket on him, as it is cold, colder than he is used to, but he doesn't realize it at the moment. Once they arrive at their new house, Cristofer quickly gets out to see it up close. He loves it. It is two storeys high and is made with a lot of wood. The place where they now live is very charming and hilly. There are several trees all around, and he just runs from one side to the other.

Una vez todo se ha colocado en su lugar, los tres entran a la cocina para preparar chocolate caliente, acompañado de **panecillos**. Allí, Cristofer les pregunta:

- **Cristofer:** ¿Por qué los árboles se ven diferente?
- **Tatiana:** Porque estamos en otoño, cariño.
- **Cristofer:** ¿Qué es el otoño?
- **Carlos:** En algunos lugares hay cuatro estaciones durante el año.
- **Cristofer:** ¿De verdad?
- **Carlos:** Así es. Cada estación es diferente. En esta puedes sentir frío y ver los árboles de esas tonalidades. Muy pronto, también verás la **nieve** por primera vez.
- **Cristofer:** Y será aún más frío, ¿verdad?
- **Tatiana:** ¡Correcto! Y haremos malvaviscos en el fogón juntos.

Once everything has been put in place, the three go into the kitchen to prepare hot chocolate, accompanied by muffins. There, Cristofer asks them:

- ***Cristofer**: Why do the trees look different?*
- ***Tatiana**: Because it's autumn, honey.*
- ***Cristofer**: What is autumn?*
- ***Carlos**: In some places, there are four seasons during the year.*
- ***Cristofer:** Really?*
- ***Carlos**: That's right, each season is different. In this one, you can feel cold and see the trees in those shades. Soon, you will also see snow for the first time.*
- ***Cristofer**: And it will be even colder, right?*
- ***Tatiana**: That's right! And we will make marshmallows on the fire together.*

Durante los días de otoño, los tres salen en varias ocasiones para conocer el vecindario. Los **vecinos** los reciben muy **amablemente**, y les cuentan **anécdotas** sobre el lugar. Todo se ve muy pacífico y **agradable**. Cristofer se **adapta** muy bien al cambio, y se siente afortunado por estar en un lugar tan bonito. También le encanta jugar con las hojas caídas de los árboles, pues hay muchas y junto a su padre las **apilan**.

During the autumn days, the three of them go out on several occasions to get to know the neighborhood. The neighbors receive them very kindly, and tell them stories about the place. Everything looks very peaceful and pleasant. Cristofer adapts very well to the change, and feels lucky to be in such a nice place. He also loves to play with the fallen leaves from the trees, as there are so many of them, and together with his father, they pile them up.

Ya entrado diciembre, los padres de Cristofer deciden salir a la ciudad para comprar **abrigos**, **mantas**, **leña** y otras cosas más, pues el **invierno** ya está comenzando. Cristofer siente mucho frío, y ve cómo los árboles pierden sus hojas poco a poco.

In December, Cristofer's parents decide to go out to the city to buy coats, blankets, firewood, and other things, because winter is already beginning. Cristofer feels very cold, and sees how the trees lose their leaves little by little.

Nunca había visto las **ramas** de los árboles sin hojas y el **cielo** tan **nublado**. Su habitación está en el segundo **piso**, y ve cuando llegan sus padres en el auto.

He has never seen the tree branches without leaves and the sky so cloudy. His room is on the second floor, and he sees when his parents arrive in the car.

Abre su ventana para saludarlos y es allí cuando ve la nieve caer. Puede ver su **respiración** porque la **temperatura** empieza a **disminuir** cada vez más. No lo puede creer. Ve como todo se **cubre** de blanco al pasar los minutos. "Está nevando", piensa. Parece un sueño. Sus padres le **colocan** su nueva ropa de invierno, y Cristofer siente un gran **alivio**.

He opens his window to greet them, and that's when he sees the snow falling. He can see his breath because the temperature is dropping lower and lower. He can't believe it. He watches as everything is covered in white as the minutes go by. "It's snowing," he thinks. It seems like a dream. His parents dress him in his new winter clothes, and Cristofer feels a great relief.

También es la **temporada** de navidad, así que los tres tienen la oportunidad de ver decoraciones **hermosas** en todas partes. Pinos repletos de luces y guirnaldas, adornos navideños en las casas, chimeneas **encendidas** y muchas familias juntas celebrando. Cristofer **entiende** de qué se trata esta **estación** sin ningún problema.

It is also Christmas time, so all three have the opportunity to see beautiful decorations everywhere. Pine trees full of lights and garlands, Christmas decorations on houses, fireplaces lit, and many families celebrating together. Cristofer understands what the season is all about without a problem.

Se acerca marzo y el frío empieza a desaparecer. Cristofer puede salir con mayor frecuencia a jugar **afuera** sin preocuparse por su **abrigo**. Ve cómo, al pasar los días, las hojas empiezan a brotar de las ramas. Poco a poco, vuelve a ver el clásico verde alrededor de su nueva casa. Los días son un poco más largos y el clima es cada vez más **cálido**. El clima es muy agradable, y sus padres le compran **ropa** más liviana. Puede apreciar también una gran cantidad de **aves** y **ardillas**, así como también días despejados y bonitos.

March is approaching, and the cold starts to wear off. Cristofer can go outside more often to play without worrying about wearing his coat. He sees how, as the days go by, the leaves begin to sprout from the branches. Little by little, he sees the classic green around his new house again. The days are getting longer, and the weather is getting warmer. The weather is very pleasant, and his parents buy him lighter clothing. He can also see a lot of birds and squirrels, as well as beautiful clear days.

Conforme pasan las semanas, Cristofer y sus padres sienten cada vez más calor. Quizá un poco parecido a la costa, pero menos **húmedo**. El **verano** se **aproxima** muy **rápido**, y los días son cada vez más largos.

As the weeks go by, Cristofer and his parents feel warmer and warmer. It's perhaps a bit like the coast, but less humid. Summer is approaching fast, and the days are getting longer.

Ya no sienten frío bajo **ninguna circunstancia**, y suelen recordar cada vez más su antiguo hogar, así como su familia. Hay varios **puestos** de **limonada** y té helado, perfectos para estas tardes largas y calurosas. También la gente disfruta de juegos escolares de verano, y hay muchísima más **actividad** en todos lados, en comparación con las otras épocas del año. Una tarde, Cristofer y sus padres van de visita a un parque en la ciudad a pasar un rato, y ellos le preguntan:

They no longer feel cold under any circumstances and are increasingly reminded of their old home, as well as their family. There are several lemonade and iced tea stands, perfect for these long, hot afternoons. People also enjoy summer school games, and there is much more activity everywhere than at other times of the year. One afternoon, Cristofer and his parents go to visit a park in the city to spend some time together, and they ask him:

- **Tatiana**: Ya casi cumplimos un año aquí. ¿Qué te parece?
- **Cristofer**: Me encanta, mamá. Es muy diferente y creo que me gusta más el frío.
- **Carlos**: Vemos que te adaptas muy bien a las estaciones. ¿Cuál es tu favorita?
- **Cristofer**: Me gusta mucho la **primavera** porque veo las plantas y los árboles **florecer**, así como muchos animales en todos lados. Pero mi parte favorita es ver desde mi ventana cada estación pasar. Siento que un capítulo nuevo en mi vida está por comenzar.

- ***Tatiana**: We've been here for almost a year now, how do you feel about it?*
- ***Cristofer**: I love it, mom. It is very different, and I think I like the cold better.*
- ***Carlos**: We can see that you adapt very well to the seasons. What is your favorite one?*
- ***Cristofer**: I like spring very much because I see the plants and trees blooming, as well as many animals everywhere. But my favorite part is watching from my window each season go by. I feel like a new chapter in my life is about to begin.*

Resumen

Cristofer es un niño de diez años que vive en la costa, muy cerca al mar. Él y su familia suelen merendar cada día durante el atardecer, y tiene muchos recuerdos gratos de esto. Le encanta la playa y siempre se divierte durante las vacaciones. Un día, sus padres compran una casa en otra ciudad. Llegado el día de partir, Cristofer se despide de todos, prometiendo que los va a visitar pronto. Llegando a esta nueva ciudad, se da cuenta de que todo es muy diferente. Los árboles de las cercanías se ven amarillos y naranja. Es algo totalmente nuevo y sus padres le explican que esto se debe a que es otoño. El año tiene distintas estaciones en algunas ciudades y países del mundo. Cristofer tendrá la oportunidad de vivir esto muy pronto.

Una vez en la nueva casa, mueven sus cosas adentro. Les encanta su nuevo hogar, y la habitación de Cristofer está en el segundo piso. Le encanta barrer las hojas que caen de los árboles otoñales, mientras juega con su papá. Pasadas unas semanas, la temperatura empieza a bajar más y más. Sus papás regresan en el auto y Cristofer, al recibirlos, ve por primera vez la nieve caer. Es una experiencia muy linda para él, ya que ve a familias muy unidas celebrando. Luego tiene la experiencia de ver la primavera, y cómo los árboles recuperan sus hojas y su color verde. Las aves y otros animales salen más a menudo, y el clima es más cálido. Su última experiencia es con el verano. Se da cuenta de que los días son muchísimo más largos, y hace casi tanto calor como en su anterior hogar. Ve muchos puestos de limonada y té helado, y es cuando hay mayor movimiento en todo aspecto. Cristofer se siente afortunado de vivir estas cosas y se adapta muy bien a los cambios. Se siente cómodo al sentir que cada estación del año le trae nuevas aventuras a su vida.

Summary

Cristofer is a ten-year-old boy who lives on the coast, very close to the sea. He and his family usually have a snack every day during the sunset, and he has many fond memories of this. He loves the beach and always has fun during vacations. One day, his parents buy a house in another city. When the day comes to leave, Cristofer says goodbye to everyone, promising to visit them soon. Arriving in this new city, he realizes that everything is very different. The trees in the area look yellow and orange. It is something totally new, and his parents explain to him that this happens because it is autumn. The year has different seasons in some cities and countries of the world. Cristofer will have the opportunity to experience this very soon.

Once in the new house, they move their things inside. They love their new home, and Cristofer's room is on the second floor. He loves sweeping the leaves that fall from the autumn trees while playing with his dad. After a few weeks, the temperature begins to drop lower and lower. His parents return in the car and Cristofer, as he welcomes them, sees the snow falling for the first time. It is a lovely experience for him, seeing families celebrating together. Then he has the experience of seeing the spring, and how the trees recover their leaves and their green color. Birds and other animals come out more often, and the weather is warmer. His final experience is with summer. He notices that the days are much longer, and almost as hot as in his previous home. He sees many lemonade and iced tea stands, and this is when there is the most activity in every respect. Cristofer feels fortunate to experience these things, and adapts very well to the changes. He is comfortable, feeling that each season of the year brings new adventures into his life.

Preguntas
Questions

1. **¿Qué hacía Cristofer y su familia al atardecer? / What did Cristofer and his family usually do in the evening?**
   a. Jugar fútbol.
   b. Arreglar las plantas.
   c. Compartir la merienda.
   d. Cenar.
2. **¿Qué veía Cristofer al llegar la primavera? / What did Cristofer see when spring came?**
   a. Árboles florecer y animales salir más a menudo.
   b. Muchos puestos de galletas y helados.
   c. Ventas de garaje.
   d. Obras de teatro.
3. **¿Cuál fue la actividad favorita de Cristofer al llegar a su nuevo hogar? / What was Christopher's favorite activity when he arrived at his new home?**
   a. Correr con su papá cada mañana.
   b. Ir al supermercado con su mamá.
   c. Llamar a sus abuelos cada noche.
   d. Jugar con las hojas caídas de los árboles en otoño.
4. **Los días más largos del año son en: / The longest days of the year are in:**
   a. Primavera.
   b. Invierno.
   c. Otoño
   d. Verano.
5. **Las tardes calurosas de verano son mejores con: / Hot summer afternoons are better with:**
   a. Palomitas de maíz.
   b. Té helado o limonada.
   c. Pastel de moras.
   d. Chocolate caliente.

Respuestas

Answers

1. Compartir la merienda.
2. Árboles florecer y animales salir más a menudo.
3. Jugar con las hojas caídas de los árboles en otoño.
4. Verano.
5. Té helado o limonada.

Vocabulary List

The words in this list are essential for learning the Spanish language, and for better understanding the story. This list contains pronouns, adjectives, nouns, adverbs, prepositions, among others from the story. Some words have several meanings, so try to relate them according to the context.

Abrigo	Coat
Acostumbrado	Used to
Actividad	Activity
Afuera	Outside
Agradable	Pleasant
Alivio	Relief
Amablemente	Kindly
Anécdotas	Stories
Ardillas	Squirrels
Aves	Birds
Camión	Truck
Cálido	Warm
Calles	Streets
Chaqueta	Jacket
Cielo	Sky
Circunstancia	Circumstance
Confundido	Confused
Destino	Destination

Edificios	Buildings
Estación	Season
Frío	Cold
Hermosas	Beautiful
Húmedo	Wet/Humid
Invierno	Winter
Lado	Side
Leña	Firewood
Limonada	Lemonade
Mantas	Blankets
Mar	Sea
Merienda	Snack
Mientras	While
Nacimiento	Birth
Nieve	Snow
Ninguna	None
Nublado	Cloudy
Otoño	Autumn/Fall
Panecillos	Muffins
Piso	Floor
Primavera	Spring
Principios	Early
Puestos	Stalls
Punto	Point
Ramas	Branches
Rápido	Fast
Respiración	Breathing
Ropa	Clothing
Temperatura	Temperature
Temporada	Season
Tonalidad	Shade
Vecinos	Neighbors
Verano	Summer

Verb List

These are some verbs found in the story, conjugated in the easiest verb tenses. To make it easier, we have added a translation in infinitive for each verb.

Spanish verb	Spanish verb translation	Spanish infinitive form
Abre	Open	Abrir
Adapta	Adapts	Adaptar
Alquilan	Rent	Alquilar
Apilan	Pile	Apilar
Aproxima	Approach	Aproximar
Baja	Get down	Bajar
Colocan	Place	Colocar
Corre	Run	Correr
Cubre	Cover	Cubrir
Disminuir	Drop/Decrease	Disminuir
Encendidas	Turned on/Lit	Encender
Entiende	Understand	Entender
Florecer	Flower/Bloom	Florecer
Presta	Lends	Prestar

Personal Pronouns

Yo	I
Tú	You
Él/Ella/Usted (Ud.)	He/She/You
Nosotros	We
Ellos/Ellas/Ustedes (Uds.)	They/They/You.

Verb Conjugation

Infinitive Form	Infinitive Translation	Simple Present	Simple Future	Simple Past

Abrir	Open	• yo abro • tú abres • él/ ella/ Ud. abre • nosotros abrimos • ellos/ ellas/ Uds. abren	• yo abriré • tú abrirás • él/ ella/ Ud. abrirá • nosotros abriremos • ellos/ ellas/ Uds. abrirán	• yo abrí • tú abriste • él/ ella/ Ud. abrió • nosotros abrimos • ellos/ ellas/ Uds. abrieron
Adaptar	Adapt	• yo adapto • tú adaptas • él/ ella/ Ud. adapta • nosotros adaptamos • ellos/ ellas/ Uds. adaptan	• yo adaptaré • tú adaptarás • él/ ella/ Ud. adaptará • nosotros adaptaremos • ellos/ ellas/ Uds. adaptarán	• yo adapté • tú adaptaste • él/ ella/ Ud. adaptó • nosotros adaptamos • ellos/ ellas/ Uds. adaptaron
Alquilar	Rent	• yo alquilo • tú alquilas • él/ ella/ Ud. alquila • nosotros alquilamos • ellos/ ellas/ Uds. alquilan	• yo alquilaré • tú alquilarás • él/ ella/ Ud. alquilará • nosotros alquilaremos • ellos/ ellas/ Uds. alquilarán	• yo alquilé • tú alquilaste • él/ ella/ Ud. alquiló • nosotros alquilamos • ellos/ ellas/ Uds. alquilaron
Apilar	Pile	• yo apilo • tú apilas • él/ ella/ Ud. apila • nosotros apilamos • ellos/ ellas/ Uds. apilan	• yo apilaré • tú apilarás • él/ ella/ Ud. apilará • nosotros apilaremos • ellos/ ellas/ Uds. apilarán	• yo apilé • tú apilaste • él/ ella/ Ud. apiló • nosotros apilamos • ellos/ ellas/ Uds. apilaron
Aproximar	Approach	• yo aproximo • tú aproximas • él/ ella/ Ud. aproxima	• yo aproximaré • tú aproximarás • él/ ella/ Ud. aproximará	• yo aproximé • tú aproximaste • él/ ella/ Ud. aproximó

		• nosotros aproximamos • ellos/ ellas/ Uds. aproximan	• nosotros aproximaremos • ellos/ ellas/ Uds. aproximarán	• nosotros aproximamos • ellos/ ellas/ Uds. aproximaron
Bajar	Get down	• yo bajo • tú bajas • él/ ella/ Ud. baja • nosotros bajamos • ellos/ ellas/ Uds. bajan	• yo bajaré • tú bajarás • él/ ella/ Ud. bajará • nosotros bajaremos • ellos/ ellas/ Uds. bajarán	• yo bajé • tú bajaste • él/ ella/ Ud. bajó • nosotros bajamos • ellos/ ellas/ Uds. bajaron
Colocar	Place	• yo coloco • tú colocas • él/ ella/ Ud. coloca • nosotros colocamos • ellos/ ellas/ Uds. colocan	• yo colocaré • tú colocarás • él/ ella/ Ud. colocará • nosotros colocaremos • ellos/ ellas/ Uds. colocarán	• yo coloqué • tú colocaste • él/ ella/ Ud. colocó • nosotros colocamos • ellos/ ellas/ Uds. colocaron
Correr	Run	• yo corro • tú corres • él/ ella/ Ud. corre • nosotros corremos • ellos/ ellas/ Uds. corren	• yo correré • tú correrás • él/ ella/ Ud. correrá • nosotros correremos • ellos/ ellas/ Uds. correrán	• yo corrí • tú corriste • él/ ella/ Ud. corrió • nosotros corrimos • ellos/ ellas/ Uds. corrieron
Cubrir	Cover	• yo cubro • tú cubres • él/ ella/ Ud. cubre • nosotros cubrimos • ellos/ ellas/ Uds. cubren	• yo cubriré • tú cubrirás • él/ ella/ Ud. cubrirá • nosotros cubriremos • ellos/ ellas/ Uds. cubrirán	• yo cubrí • tú cubriste • él/ ella/ Ud. cubrió • nosotros cubrimos • ellos/ ellas/ Uds. cubrieron

Disminuir	Drop/ Decrease	• yo disminuyo • tú disminuyes • él/ ella/ Ud. disminuye • nosotros disminuimos • ellos/ ellas/ Uds. disminuyen	• yo disminuiré • tú disminuirás • él/ ella/ Ud. disminuirá • nosotros disminuiremos • ellos/ ellas/ Uds. disminuirán	• yo disminuí • tú disminuiste • él/ ella/ Ud. disminuyó • nosotros disminuimos • ellos/ ellas/ Uds. disminuyeron
Encender	Turn On/ Light	• yo enciendo • tú enciendes • él/ ella/ Ud. enciende • nosotros encendemos • ellos/ ellas/ Uds. encienden	• yo encenderé • tú encenderás • él/ ella/ Ud. encenderá • nosotros encenderemos • ellos/ ellas/ Uds. encenderán	• yo encendí • tú encendiste • él/ ella/ Ud. encendió • nosotros encendimos • ellos/ ellas/ Uds. encendieron
Entender	Understand	• yo entiendo • tú entiendes • él/ ella/ Ud. entiende • nosotros entendemos • ellos/ ellas/ Uds. entienden	• yo entenderé • tú entenderás • él/ ella/ Ud. entenderá • nosotros entenderemos • ellos/ ellas/ Uds. entenderán	• yo entendí • tú entendiste • él/ ella/ Ud. entendió • nosotros entendimos • ellos/ ellas/ Uds. entendieron
Florecer	Flower/ Bloom	• yo florezco • tú floreces • él/ ella/ Ud. florece • nosotros florecemos • ellos/ ellas/ Uds. florecen	• yo floreceré • tú florecerás • él/ ella/ Ud. florecerá • nosotros floreceremos • ellos/ ellas/ Uds. florecerán	• yo florecí • tú floreciste • él/ ella/ Ud. floreció • nosotros florecimos • ellos/ ellas/ Uds. florecieron
Prestar	Lend	• yo presto • tú prestas	• yo prestaré • tú prestarás	• yo presté • tú prestaste

		• él/ ella/ Ud. presta • nosotros prestamos • ellos/ ellas/ Uds. prestan	• él/ ella/ Ud. prestará • nosotros prestaremos • ellos/ ellas/ Uds. prestarán	• él/ ella/ Ud. prestó • nosotros prestamos • ellos/ ellas/ Uds. prestaron

Chapter 10:

Un encargo especial
A Special Order

Iván es el **actual** dueño de la primera **floristería** de la capital **llamada** Lirios. Fue **inaugurada** hace mucho tiempo por su **tatarabuelo**. Su familia es aficionada de las flores desde tiempos **inmemoriales**, y cada familiar tiene un **jardín** hermoso y **repleto** de distintos colores y aromas.

Iván is the current owner of Lirios, the first flower shop in the capital. It was opened a long time ago by his great-great-grandfather. His family has been fond of flowers since time immemorial, and each relative has a beautiful garden full of different colors and scents.

Iván se dedica a esto **desde** muy joven. **Diariamente acude** gente a su negocio en busca de regalos, y recuerdos. Saben que la atención es de primera y sus productos son muy especiales.

Iván has been doing this since he was very young. Every day people come to his business looking for gifts, presents, and souvenirs. They know that the service is first class and the products are very special.

Los días suelen ser bastante tranquilos en Lirios, y la naturaleza de esta profesión le **permite** a Iván ser creativo. En la floristería se pueden encontrar girasoles, hortensias, rosas de distintos colores, tulipanes, dalias, lirios (**por supuesto**), entre otras más. Es un trabajo bien particular, relajado y lleno de sorpresas.

The days are usually quite calm at Lirios, and the nature of this profession allows Iván to be creative. In the flower shop, you can find sunflowers, hydrangeas, roses of different colors, tulips, dahlias, lilies (of course), among others. It is a unique job, relaxed and full of surprises.

Un día, un cliente bastante **curioso** llega; un hombre **alto**, **fornido**, **vestido** de **traje** y **sombrero**. Entra **lentamente** y mira con detenimiento todo lo que se encuentra en la tienda. Su **rostro inexpresivo** le resulta familiar a Iván, pero no logra reconocerlo. De repente, se acerca al mostrador y saluda a Iván.

One day, a rather curious customer arrives; a tall, burly man dressed in a suit and hat. He enters slowly and looks carefully at everything in the store. His expressionless face looks familiar to Iván, but he can't quite place him. Suddenly, he approaches the counter and greets Iván.

- **Cliente: Buenas tardes**.
- **Iván:** Muy buenas tardes. ¿Cómo te puedo ayudar?
- **Cliente:** Quisiera saber si es posible hacer un arreglo de crisantemos. Es para un regalo.
- **Iván:** Por supuesto. En este momento tenemos en tonalidades rosa.
- **Cliente:** Excelente. Llevaré un ramo voluminoso.
- **Iván:** Enseguida.

- ***Customer**: Good afternoon.*
- ***Iván**: Good afternoon, how can I help you?*
- ***Customer**: I would like to know if it is possible to make a chrysanthemum arrangement. It is a gift.*
- ***Iván**: Of course. At this moment, we have them in pink shades.*
- ***Customer**: Excellent. I'll take a large bouquet.*
- ***Iván**: Right away.*

Una vez listo el **pedido**, el cliente muestra una expresión de alivio y tranquilidad. **Agradece** amablemente y sale de la tienda.

Once the order is ready, the customer shows an expression of relief and tranquility. He thanks him politely and leaves the store.

Iván conoce a muchas personas de su ciudad, la cual no es muy grande. Ha visto a todos los habitantes que allí **residen al menos** una vez. Siempre puede darse cuenta si alguien no es de allí. Es un detalle que le **causa** un poco de curiosidad, pero no le presta más atención y se **olvida** de eso al pasar los días.

Iván knows many people in his town, which is not very big. He has seen everyone who lives there at least once. He can always tell if someone is not from there. It's a detail that makes him a little curious, but he doesn't pay any more attention to it and forgets about it as the days go by.

Varias semanas **después**, se da cuenta que últimamente tiene muchos clientes. Noche tras noche, al finalizar cada **jornada**, debe **reponer** el **inventario** de su tienda. Últimamente ha vendido todo y le va muy bien. Un poco **extraño**, a decir **verdad**. Ya sus tardes no son tan tranquilas como antes, pero lo disfruta mucho.

Several weeks later, he notices that he has had a lot of customers lately. Night after night, he has to replenish his store's inventory at the end of each day. Recently, he has been selling everything and doing very well. A bit strange, to tell the truth. His evenings are not as quiet as they used to be, but he enjoys it very much.

Unos tres meses más tarde, aquel hombre vuelve otra vez a Lirios.

- **Cliente:** ¡Buenas tardes!
- **Iván:** ¡Hola, amigo! ¿Cómo estás? ¿Cómo te puedo ayudar?
- **Cliente:** Hoy vengo en busca de un encargo un poco especial. Tengo la intención de **regalar** un ramo de narcisos.
- **Iván:** ¿De verdad? Es un pedido bastante peculiar.
- **Cliente:** Sé que no duran mucho luego de su florecimiento, pero quiero saber si es posible.
- **Iván:** Por supuesto. Ven dentro de tres días y estará listo.
- **Cliente:** Excelente, muchas gracias.

About three months later, that man returns to Lirios again.

- *Customer: Good afternoon!*
- *Iván: Hello, my friend! How are you? How can I help you?*
- *Customer: Today, I come in search of a bit of a particular order. I intend to give a bouquet of daffodils as a gift.*
- *Iván: Really? It's quite a peculiar order.*

- *Customer: I know they don't last long after they bloom, but I want to know if it's possible.*
- *Iván: Of course. Come in three days, and it will be ready.*
- *Customer: Excellent, thank you very much.*

Es la primera vez que le piden esa flor. Sus visitas se ponen más **interesantes**, pues es alguien que se viste muy bien, pero es muy discreto. Habla con un tono de voz bastante tranquilo y no es **ruidoso**. **Utiliza** un sombrero oscuro y tiene un **anillo** extraño en uno de sus dedos. Una vez sale de la tienda, se mezcla entre la multitud y nadie más se percata de su presencia.

This is the first time he has been asked for this flower. His visits get more interesting, as he is someone who dresses very well, but is very discreet. He speaks in a fairly quiet tone of voice and is not loud. He wears a dark hat and has a strange ring on one of his fingers. Once he leaves the store, he blends into the crowd, and no one else notices his presence.

Tres días más tarde, Iván tiene listo su pedido. **Alrededor** de las 5 p.m., esta persona llega a buscar su arreglo floral. Viene vestido como siempre: **impecable**. Saluda a Iván con una **sonrisa** muy agradable, y de nuevo le agradece con humildad.

Three days later, Iván has his order ready. Around 5 p.m., the man arrives to pick up his flower arrangement. He comes dressed as usual: impeccable. He greets Iván with a lovely smile, and again thanks him humbly.

Realmente se ve feliz al tomar su encargo y salir de la tienda. Una vez se va, Iván se **apresura** para ver **hacia** dónde se dirige el cliente. Es un día **lluvioso** y no hay **demasiadas** personas por allí. Cuando se acerca a la entrada, lo pierde de vista. Se **mezcla** entre la lluvia y los paraguas negros que todos suelen usar en su ciudad.

He actually looks happy as he takes his order and leaves the store. Once he leaves, Iván hurries to see where the customer is headed. It's a rainy day, and there aren't too many people around. When he gets close to the entrance, he loses sight of him. He blends in between the rain and the black umbrellas that everyone usually uses in his town.

Varias semanas después, Iván decide cerrar durante el fin de semana y toma un pequeño descanso. Visita a su hermano que tiene una posada. Es muy famosa y antigua, y recibe muchos visitantes cada año. **Parece** un

castillo, pero más pequeño. Le pertenece a su familia desde hace mucho tiempo, y allí hay muchos artículos familiares y pinturas. Iván disfruta mucho de la **estadía** allí, pues es bastante silencioso.

Several weeks later, Iván decides to close for the weekend and takes a short break. He visits his brother, who runs an inn. It is very famous and old, and receives many visitors every year. It looks like a castle, but smaller. It has belonged to his family for a long time, and there are many family items and paintings there. Iván enjoys staying there very much, as it is pretty quiet.

El **domingo** en la noche, Iván regresa a casa y decide pasar a despedirse de su hermano. Al salir de su despacho, nota una pintura gigantesca: un **retrato** antiguo de un hombre. Su nombre era Felipe, y fue su tatarabuelo. Es como la **cuarta** vez que ve esa pintura, pero no se queda a mirar con detalle.

On Sunday evening, Iván returns home and decides to stop by to say goodbye to his brother. As he leaves his office, he notices a gigantic painting: an old portrait of a man. His name was Felipe, and he was his great-great-grandfather. It's about the fourth time he's seen the painting, but he doesn't stay to look at it in detail.

Varios meses después, recibe una carta en Lirios. Va dirigida a Iván, escrita con una letra hermosa e **impecable**. Es el cliente misterioso y allí le hace una **solicitud** algo inusual. Necesita un nuevo encargo y entregarlo él mismo. No es muy lejos y pide disculpas por el atrevimiento.

Several months later, he receives a letter in Lirios. It is addressed to Iván, and written in a beautiful, impeccable handwriting. It is the mystery client, and in it, he makes a somewhat unusual request. He needs a new order and to deliver it himself. It is not very far, and he apologizes for the audacity.

No está en la ciudad y no va a regresar pronto. El encargo es de quince tulipanes **morados** formando un **círculo** y dos amarillos en el centro. Se entrega a las **ocho** de la noche del **quince** de **febrero**. Iván está muy **emocionado** e **intrigado**. Había pasado mucho tiempo sin sentirse de esa forma, así que acepta la solicitud.

He is out of town and won't be back soon. The order is for fifteen purple tulips forming a circle and two yellow ones in the center. It is to be delivered at eight o'clock on the evening of February fifteenth. Iván is very excited and intrigued. It had been a long time since he had felt that way, so he agrees to the request.

Llega la noche de esa fecha y todo está listo. Está a sólo unas calles de distancia. Una vez allí, toca la puerta y una **señorita** joven atiende:

- **Iván: ¡Buenas noches**! Mi nombre es Iván y traigo un encargo para esta dirección.
- **Señorita:** ¿De verdad? ¿Quién es el remitente?
- **Iván:** Lamento informarle que sólo tengo instrucciones de entregar este pedido.
- **Señorita:** Muy bien. Muchas gracias.

The night of that date arrives, and everything is ready. It is only a few streets away. Once there, he knocks on the door, and a young lady answers:

- ***Iván**: Good evening! My name is Iván, and I have a delivery for this address.*
- ***Miss**: Really? Who is the sender?*
- ***Iván**: I regret to inform you that I only have instructions to deliver this order.*
- ***Miss**: Very well. Thank you very much.*

La joven, al ver su contenido, se ve conmocionada y toma una bocanada de **aire**. Iván regresa a casa sin ninguna **novedad**.

The young woman, upon seeing its contents, looks shocked and takes a breath of air. Iván returns home.

Después de varios meses, llega otra carta con palabras de agradecimiento. Dice que no va a volver más a la ciudad, y **desea** mucha **salud** y **prosperidad** para Lirios. Su nombre es Felipe. "Vaya **coincidencia**", piensa.

After several months, another letter arrives with words of thanks. It says he is not returning to the city anymore, and wishes Lirios good health and prosperity. His name is Felipe. "What a coincidence," he thinks.

Esa misma noche, llega la joven de los tulipanes. Saluda a Iván amablemente y charlan durante un rato. Su nombre es Ofelia. Antes de que ella regrese a casa, le dice:

- **Ofelia:** El quince de febrero se celebra el cumpleaños de mi tatarabuela, Olga.

- **Iván:** ¿Es muy conocida?
- **Ofelia:** La verdad es que no mucho, pero su esposo solía regalarle tulipanes en ese día especial. Al parecer, era una persona que sabía mucho de flores.
- **Iván:** ¿Tu tatarabuelo, entonces?
- **Ofelia:** Así es. Ya debo irme. Fue un placer, señor Iván. Gracias.
- **Iván:** Espera. ¿Cuál era el nombre de ese hombre?
- **Ofelia:** Felipe.

That same evening, the young woman with the tulips arrives. She greets Iván kindly, and they chat for a while. Her name is Ofelia. Before she returns home, she says to him:

- ***Ofelia**: February fifteenth is the birthday of my great-great-grandmother, Olga.*
- ***Iván**: Is she well known?*
- ***Ofelia**: Not really, but her husband used to give her tulips on that particular day. Apparently, he was a person who knew much about flowers.*
- ***Iván**: Your great-great-grandfather, then?*
- ***Ofelia**: That's right. I must go now. It was a pleasure, Mr. Iván. Thank you.*
- ***Iván**: Wait. What was that man's name?*
- ***Ofelia**: Felipe.*

Iván despide a la joven y sonríe. "Realmente era un hombre especial. Ya no creo que sea una coincidencia que ese cliente se llame Felipe y solicite pedidos tan especiales. Siempre que hablo con mis abuelos me dicen que mi tatarabuelo era un hombre muy misterioso y especial, pero ya entiendo la razón", habla en voz alta mientras cierra su local.

Iván says goodbye to the young woman and smiles, "He really was a special man. I no longer think it is a coincidence that this customer's name is Felipe, and that he asks for such special orders. Whenever I talk to my grandparents, they always tell me that my great-great-grandfather was a very mysterious and special man, but now I understand why," he speaks aloud as he closes his shop.

Resumen

Iván es el dueño de la primera floristería de la ciudad. Su familia se dedica a eso desde tiempos inmemoriales. Disfrutan mucho de esto, y cada familiar tiene un jardín hermoso en su casa. Allí se consiguen flores de todo tipo tales como margaritas, girasoles, tulipanes, lirios, entre otros. La gente disfruta ir a su local porque ofrecen una atención muy agradable y un producto de primera. Un día, recibe un cliente que no había visto antes en la ciudad. Es un hombre alto y corpulento, vestido de traje y sombrero. Habla con voz tranquila y sin llamar la atención de ninguna manera. Su intención es regalar un ramo de crisantemos, una flor que muy pocos suelen buscar. Iván prepara el pedido sin problemas y lo entrega.

Varias semanas después, se da cuenta que tiene un mayor número de clientes. Ya las tardes no son tan tranquilas como antes, pero lo disfruta mucho. De repente, el cliente desconocido regresa a Lirios. Saluda amablemente y hace un pedido aún más extraño. En esta ocasión quiere un ramo de narcisos. Iván acepta y le pide que regrese tres días después, pues es una flor delicada y requiere de un trato especial. Pasado ese tiempo, el cliente regresa. Su rostro amable y tranquilo no cambia. Se pone feliz al ver su pedido listo, y luego se marcha. Iván lo sigue una vez que sale del negocio, pero esta persona se pierde entre la gente en un día lluvioso.

Un día, Iván decide pasar un fin de semana en la posada de su hermano en las afueras de la ciudad. Cierra el negocio y se va. Disfruta mucho de ese lugar porque es como un castillo, pero más pequeño. Es muy silencioso y perfecto para reponer energías. El domingo, al despedirse de su hermano, ve un retrato de su tatarabuelo Felipe. Lo ha visto algunas veces, pero nunca le ha prestado mucha atención.

Varios meses después, Iván recibe una carta del cliente misterioso, que hace otra solicitud. Necesita una corona de quince tulipanes morados con dos amarillos en el medio. Esta corona necesita ser entregada en una dirección y fecha específica. Iván acepta sin problemas. Esa noche entrega el pedido y lo atiende una señorita. Al recibirlo, la señorita se asombra bastante.

Pasa un tiempo y recibe una carta de agradecimiento. Es su cliente misterioso y le dice que ya no va a regresar más a la ciudad. Le desea salud y prosperidad. Su nombre es Felipe. "Vaya casualidad", piensa. Esa misma noche, la señorita que recibió los tulipanes lo visita en Lirios, y le dice que esas flores eran las favoritas de su tatarabuela, Olga. Su esposo solía hacerle regalos especiales, pues al parecer eran su especialidad. La noche del quince de febrero se celebra su cumpleaños y no es muy conocida por muchos. El nombre del esposo de su tatarabuela era Felipe. Según la familia de Iván, su tatarabuelo siempre es descrito como alguien "misterioso y especial". Piensa que ya nada es casualidad con todo lo acontecido.

Summary

Iván is the owner of the first flower shop in the city. His family has been in the business since time immemorial. They enjoy it very much, and every relative has a beautiful garden at home. There are flowers of all kinds there, such as daisies, sunflowers, tulips, lilies, among others. People enjoy going to that shop because they offer excellent service and a first-class product. One day, he receives a customer he has not seen before in the city. This person is a tall, corpulent man, dressed in a suit and hat. He speaks in a calm voice and does not draw attention to himself in any way. His intention is to give a bouquet of chrysanthemums, a flower that very few usually look for. Iván prepares the order without any issues and delivers it.

Several weeks later, he notices that he has a more significant number of customers. The evenings are not as quiet as before, but he enjoys it very much. Suddenly, the unknown customer returns to Lirios. He says hello politely and makes an even stranger request. This time he wants a bouquet of daffodils. Iván agrees and asks him to come back three days later, as it is a delicate flower and requires special treatment. After that time, the customer returns. His kind and calm face does not change. He is happy to see his order done, and then leaves. Iván goes after him once he leaves the store, but the person blends in the crowd on a rainy day.

One day, Iván decides to spend a weekend at his brother's inn on the city's outskirts. He closes the business and leaves. He enjoys the place a lot because it is like a castle, but smaller. It is very quiet and perfect for replenishing his energy. On Sunday, as he says goodbye to his brother, he sees a portrait of his great-great-grandfather Felipe. He has seen it a few times, but has never paid much attention to it.

Several months later, Iván receives a letter from the mystery client, who makes another request. He needs a wreath of fifteen purple tulips with two yellow ones in the middle. This wreath needs to be delivered to a specific address and date. Iván readily agrees. That evening, he delivers the flowers, and is met by a young lady. When she receives it, she is quite shocked.

Some time passes, and he receives a thank you letter. It's his mystery client, and he tells him that he's not coming back to town anymore. He wishes him health and prosperity. His name is Felipe. "What a coincidence," he thinks. That same night, the lady who received the tulips visits him at Lirios, and tells him that those flowers were the favourite of her great-great-grandmother Olga. Her husband used to give her special gifts, for apparently, they were his specialty. Her birthday is celebrated on the night of February 15th, and she is not well known by many. Her great-great-grandmother's husband's name was Felipe. According to Iván's family, his great-great-grandfather is always described as "mysterious and special." He thinks that it is no longer a coincidence, given everything that has happened.

Preguntas

Questions

1. **¿Cuál era el nombre del tatarabuelo de Iván? / What was the name of Iván's great-great-grandfather?**
   a. Carlos.
   b. Roberto.
   c. Felipe.
   d. Christian.
2. **¿Qué pidió el cliente misterioso la primera vez? / What did the mystery customer ask for the first time?**
   a. Petunias.
   b. Hortensias
   c. Crisantemos.
   d. Girasoles.
3. **¿Cómo se llamaba la tatarabuela de Ofelia? / What was the name of Ofelia's great-great-grandmother?**
   a. Olga.

b. Cristina.
c. Paula.
d. Andrea.

4. **¿Qué es lo que más le gusta a Iván de la posada de su hermano? / What does Iván like most about his brother's inn?**
   a. El silencio.
   b. La flora y fauna.
   c. Las personas.
   d. La comida.

5. **¿Cuál fue el último encargo del cliente misterioso? / What was the mystery customer's last request?**
   a. Un ramo de lavanda.
   b. Tulipanes morados y amarillos.
   c. Una camelia japonesa.
   d. Un ramo de rosas.

Respuestas

Answers

1. Felipe.
2. Crisantemos.
3. Olga.
4. El silencio.
5. Tulipanes morados y amarillos.

Vocabulary List

The words in this list are essential for learning the Spanish language, and for better understanding the story. This list contains pronouns, adjectives, nouns, adverbs, prepositions, among others from the story. Some words have several meanings, so try to relate them according to the context.

Actual	Current
Aire	Air
Al Menos	At Least
Alrededor	Around

Alto	High
Anillo	Ring
Apresura	Hurry
Buenas Noches	Good Evening
Buenas Tardes	Good Afternoon
Castillo	Castle
Círculo	Circle
Coincidencia	Coincidence
Cuarta	Fourth
Curioso	Curious
Demasiadas	Too Many
Desde	From
Después	After/Then
Diariamente	Daily
Domingo	Sunday
Emocionado	Excited
Estadía	Stay
Extraño	Stranger
Febrero	February
Floristería	Florist
Fornido	Burly/Stout
Hacia	To
Impecable	Impeccable
Inexpresivo	Inexpressive
Inmemoriales	Immemorial
Interesantes	Interesting
Intrigado	Intrigued
Inventario	Inventory
Jardín	Garden
Jornada	Day
Lentamente	Slowly
Lluvioso	Rainy
Morados	Purple

Novedad	New
Ocho	Eight
Pedido	Order/Request
Por supuesto	Of course
Prosperidad	Prosperity
Quince	Fifteen
Repleto	Repleto
Retrato	Portrait
Rostro	Face
Ruidoso	Noisy
Salud	Health
Señorita	Miss/Lady
Solicitud	Request
Sombrero	Hat
Sonrisa	Smile
Tatarabuelo	Great-Great-Grandfather
Traje	Suit
Varios	Various
Verdad	Truth

Verb List

These are some verbs found in the story, conjugated in the easiest verb tenses. To make it easier, we have added a translation in infinitive for each verb.

Spanish verb	**Spanish verb translation**	**Spanish infinitive form**
Acude	Go to	Acudir
Agradece	Thanks	Agradecer
Causa	Cause	Causar
Desea	Wishes	Desear
Inaugurada	Opened/Launched/Inaugurated	Inaugurar
Llamada	Called	Llamar
Mezcla	Mix	Mezclar

Olvida	Forget	Olvidar
Parece	Seems	Parecer
Permite	Allows	Permitir
Regalar	Give away	Regalar
Reponer	Replenish	Reponer
Residen	Reside	Residir
Utiliza	Use	Utilizar
Vestido	Wear/Dress	Vestir

Personal Pronouns

Yo	I
Tú	You
Él/Ella/Usted (Ud.)	He/She/You
Nosotros	We
Ellos/Ellas/Ustedes (Uds.)	They/They/You.

Verb Conjugation

Infinitive Form	Infinitive Translation	Simple Present	Simple Future	Simple Past
Acudir	Go To	• yo acudo • tú acudes • él/ ella/ Ud. acude • nosotros acudimos • ellos/ ellas/ Uds. acuden	• yo acudiré • tú acudirás • él/ ella/ Ud. acudirá • nosotros acudiremos • ellos/ ellas/ Uds. acudirán	• yo acudí • tú acudiste • él/ ella/ Ud. acudió • nosotros acudimos • ellos/ ellas/ Uds. acudieron
Agradecer	Thank	• yo agradezco • tú agradeces • él/ ella/ Ud. agradece • nosotros agradecemos	• yo agradeceré • tú agradecerás • él/ ella/ Ud. agradecerá • nosotros agradeceremos	• yo agradecí • tú agradeciste • él/ ella/ Ud. agradeció • nosotros agradecimos

		• ellos/ ellas/ Uds. agradecen	• ellos/ ellas/ Uds. agradecerán	• ellos/ ellas/ Uds. agradecieron
Causar	Cause	• yo causo • tú causas • él/ ella/ Ud. causa • nosotros causamos • ellos/ ellas/ Uds. causan	• yo causaré • tú causarás • él/ ella/ Ud. causará • nosotros causaremos • ellos/ ellas/ Uds. causarán	• yo causé • tú causaste • él/ ella/ Ud. causó • nosotros causamos • ellos/ ellas/ Uds. causaron
Desear	Wish	• yo deseo • tú deseas • él/ ella/ Ud. desea • nosotros deseamos • ellos/ ellas/ Uds. desean	• yo desearé • tú desearás • él/ ella/ Ud. deseará • nosotros desearemos • ellos/ ellas/ Uds. desearán	• yo deseé • tú deseaste • él/ ella/ Ud. deseó • nosotros deseamos • ellos/ ellas/ Uds. desearon
Inaugurar	Open/ Launch/ Inaugurate	• yo inauguro • tú inauguras • él/ ella/ Ud. inaugura • nosotros inauguramos • ellos/ ellas/ Uds. inauguran	• yo inauguraré • tú inaugurarás • él/ ella/ Ud. inaugurará • nosotros inauguraremos • ellos/ ellas/ Uds. inaugurarán	• yo inauguré • tú inauguraste • él/ ella/ Ud. inauguró • nosotros inauguramos • ellos/ ellas/ Uds. inauguraron
Llamar	Call	• yo llamo • tú llamas • él/ ella/ Ud. llama • nosotros llamamos • ellos/ ellas/ Uds. llaman	• yo llamaré • tú llamarás • él/ ella/ Ud. llamará • nosotros llamaremos • ellos/ ellas/ Uds. llamarán	• yo llamé • tú llamaste • él/ ella/ Ud. llamó • nosotros llamamos • ellos/ ellas/ Uds. llamaron

Mezclar	Mix	• yo mezclo • tú mezclas • él/ ella/ Ud. mezcla • nosotros mezclamos • ellos/ ellas/ Uds. mezclan	• yo mezclaré • tú mezclarás • él/ ella/ Ud. mezclará • nosotros mezclaremos • ellos/ ellas/ Uds. mezclarán	• yo mezclé • tú mezclaste • él/ ella/ Ud. mezcló • nosotros mezclamos • ellos/ ellas/ Uds. mezclaron
Olvidar	Forget	• yo olvido • tú olvidas • él/ ella/ Ud. olvida • nosotros olvidamos • ellos/ ellas/ Uds. olvidan	• yo olvidaré • tú olvidarás • él/ ella/ Ud. olvidará • nosotros olvidaremos • ellos/ ellas/ Uds. olvidarán	• yo olvidé • tú olvidaste • él/ ella/ Ud. olvidó • nosotros olvidamos • ellos/ ellas/ Uds. olvidaron
Parecer	Seem	• yo parezco • tú pareces • él/ ella/ Ud. parece • nosotros parecemos • ellos/ ellas/ Uds. parecen	• yo pareceré • tú parecerás • él/ ella/ Ud. parecerá • nosotros pareceremos • ellos/ ellas/ Uds. parecerán	• yo parecí • tú pareciste • él/ ella/ Ud. pareció • nosotros parecimos • ellos/ ellas/ Uds. parecieron
Permitir	Allow	• yo permito • tú permites • él/ ella/ Ud. permite • nosotros permitimos • ellos/ ellas/ Uds. permiten	• yo permitiré • tú permitirás • él/ ella/ Ud. permitirá • nosotros permitiremos • ellos/ ellas/ Uds. permitirán	• yo permití • tú permitiste • él/ ella/ Ud. permitió • nosotros permitimos • ellos/ ellas/ Uds. permitieron
Regalar	Give Away	• yo regalo • tú regalas • él/ ella/ Ud. regala	• yo regalaré • tú regalarás • él/ ella/ Ud. regalará	• yo regalé • tú regalaste • él/ ella/ Ud. regaló

		• nosotros regalamos • ellos/ ellas/ Uds. regalan	• nosotros regalaremos • ellos/ ellas/ Uds. regalarán	• nosotros regalamos • ellos/ ellas/ Uds. regalaron
Reponer	Replenish	• yo repongo • tú repones • él/ ella/ Ud. repone • nosotros reponemos • ellos/ ellas/ Uds. reponen	• yo repondré • tú repondrás • él/ ella/ Ud. repondrá • nosotros repondremos • ellos/ ellas/ Uds. repondrán	• yo repuse • tú repusiste • él/ ella/ Ud. repuso • nosotros repusimos • ellos/ ellas/ Uds. repusieron
Residir	Reside	• yo resido • tú resides • él/ ella/ Ud. reside • nosotros residimos • ellos/ ellas/ Uds. residen	• yo residiré • tú residirás • él/ ella/ Ud. residirá • nosotros residiremos • ellos/ ellas/ Uds. residirán	• yo residí • tú residiste • él/ ella/ Ud. residió • nosotros residimos • ellos/ ellas/ Uds. residieron
Utilizar	Use	• yo utilizo • tú utilizas • él/ ella/ Ud. utiliza • nosotros utilizamos • ellos/ ellas/ Uds. utilizan	• yo utilizaré • tú utilizarás • él/ ella/ Ud. utilizará • nosotros utilizaremos • ellos/ ellas/ Uds. utilizarán	• yo utilicé • tú utilizaste • él/ ella/ Ud. utilizó • nosotros utilizamos • ellos/ ellas/ Uds. utilizaron
Vestir	Wear/ Dress	• yo visto • tú vistes • él/ ella/ Ud. viste • nosotros vestimos • ellos/ ellas/ Uds. visten	• yo vestiré • tú vestirás • él/ ella/ Ud. vestirá • nosotros vestiremos • ellos/ ellas/ Uds. vestirán	• yo vestí • tú vestiste • él/ ella/ Ud. vistió • nosotros vestimos • ellos/ ellas/ Uds. vistieron

Chapter 11:

Visita al zoológico
Visit to the Zoo

Cristofer llega a una nueva ciudad y a un nuevo **vecindario** junto a sus padres. Conoce a muchas personas que lo reciben con **cariño**, y pronto comienza clases en una nueva escuela. Siente curiosidad por sus nuevos compañeros de clases y las **instalaciones** del lugar. Se pregunta si hay **canchas** deportivas y **piscinas**. Ama el **deporte** y las ciencias. Recuerda con mucho cariño a sus **compañeros** de la otra escuela.

Cristofer arrives in a new city and a new neighborhood with his parents. He meets many people who welcome him warmly, and soon he starts classes in a new school. He is curious about his new classmates and the facilities. He wonders if there are sports fields and swimming pools. He loves sports and science. He fondly remembers his classmates from his old school.

Cristofer está listo para su primer día de clases. Sus padres lo llevan en el auto y lo acompañan a la **entrada**. Allí su profesora lo espera y lo recibe cálidamente.

Cristofer is ready for his first day of school. His parents drive him by car and accompany him to the entrance. There, his teacher is waiting for him and warmly welcomes him.

- **Yesenia:** ¡Hola, Cristofer! Es un gusto conocerte.
- **Cristofer:** Hola, profesora.
- **Yesenia:** Sé que es tu primer día y te sientes un poco abrumado, pero todo está bien. ¿Vamos al **salón** ya?
- **Cristofer:** Sí.

- ***Yesenia**: Hello, Cristofer! It's nice to meet you.*
- ***Cristofer**: Hello, teacher.*
- ***Yesenia**: I know it's your first day, and you're feeling a little overwhelmed, but everything will be fine. Shall we go to the classroom now?*
- ***Cristofer**: Yes.*

Ambos caminan juntos hacia el salón. Cristofer ve que la escuela tiene muchos **pasillos** y salones. Hay un club de **ajedrez**, de ciencias, de fútbol y **baloncesto**. También puede ver un **comedor gigantesco** y estudiantes compartiendo sus almuerzos. "No se ve tan mal después de todo", piensa. El ambiente del lugar es muy agradable. Le gustaría ser parte del club de **natación**.

The two walk together to the classroom. Cristofer sees that the school has many hallways and classrooms. There is a chess club, a science club, a soccer club, and a basketball club. He can also see a gigantic dining hall and students sharing their lunches. "It doesn't look so bad after all," he thinks. The atmosphere of the place is very pleasant. He would like to be part of the swim club.

Después de unos minutos caminando, por fin llegan al salón. Cristofer **siente** el corazón en la **garganta**. Debe presentarse **frente** a los demás y no sabe cómo van a **reaccionar**. La profesora Yesenia lo invita a pasar, y se para frente a todos.

After a few minutes of walking, they finally arrive at the hall. Cristofer feels his heart in his throat. He has to introduce himself in front of the others, and he doesn't know how they will react. Teacher Yesenia invites him in, and he stands in front of everyone.

- **Cristofer:** ¡Hola! Mi nombre es Cristofer. Tengo diez años y soy un estudiante nuevo en la escuela. Hace poco que me mudé a esta ciudad. Un **placer** conocerlos.
- **Todos:** ¡Bienvenido, Cristofer!

- ***Cristofer**: Hello! My name is Cristofer. I'm ten years old, and I'm a new student at the school. I've recently moved to this city. Nice to meet you all.*
- ***All**: Welcome, Cristofer!*

Cristofer es recibido **cálidamente**, y de pronto se siente mucho más tranquilo que antes.

Cristofer is kindly welcomed, and suddenly feels much calmer than before.

Pasan los días y la profesora se da cuenta de que Cristofer no se adapta bien al nuevo ambiente. Le cuesta **socializar** y no parece **mejorar**. Un día tiene una gran idea. Un modo de incluirlo junto a los demás estudiantes.

Days go by, and the teacher notices that Cristofer does not adapt well to the new environment. He has a hard time socializing and doesn't seem to improve. One day she has a great idea. A plan to include him with the other students.

La profesora Yesenia organiza una visita al **zoológico** junto a toda la clase. Los niños se alegran muchísimo. Allí pueden ver los distintos **animales** y entablar **conversaciones** entre ellos, incluyendo a Cristofer. Él se siente muy a gusto con esta idea. Es la primera vez que visita ese lugar y quiere pasarla bien.

Teacher Yesenia organizes a visit to the zoo with the whole class. The children are thrilled. There they can see the different animals and engage in conversations between them, including Cristofer. He feels very comfortable with this idea. It is his first visit there, and he wants to have a good time.

Llega el día y los niños ya están en el **autobús escolar**. Hay conversaciones diversas entre ellos y todos están muy emocionados. La profesora Yesenia va acompañada de otra profesora, y el grupo se **divide** en dos.

The day arrives, and the children are already on the school bus. There are different conversations among them, and they are all very excited. Another teacher comes with teacher Yesenia, and the group splits in two.

Cristofer camina cerca de su profesora, mientras ella les habla sobre los diferentes animales que ven durante el recorrido. Hay diferentes tipos de aves como **cacatúas**, **guacamayas**, **pavos reales**, **cisnes**, **águilas** y **cardenales**. A medida que avanzan, ven **mamíferos** como **gorilas**, **monos** y **lémures**, y en otros lugares hay **tigres** y **leopardos**.

Cristofer walks close to his teacher, as she tells them about the different animals they see during the tour. There are different types of birds, such as cockatoos, macaws, peacocks, swans, eagles, and cardinals. As they go along, they see mammals such as gorillas, monkeys, lemurs, and in other places there are tigers and leopards.

Los animales favoritos de Cristofer son los **felinos**. Por primera vez ve un **león** y queda totalmente **encantado**. Es muy hermoso, **fuerte** y se la pasa descansando, pero su animal favorito de todos es el puma.

Cristofer's favorite animals are felines. For the first time, he sees a lion and is totally fascinated. He is gorgeous, strong, and resting, but his favorite animal of all is the puma.

Al cabo de un rato, ambos grupos se **detienen** para merendar y un pequeño descanso. Uno de los niños **menciona** que le gustan las **serpientes** y espera verlas pronto. A lo que Cristofer reacciona mal y empieza a respirar muy rápidamente. "¿Serpientes? ¡No las quiero ver!", **exclama** con pánico.

After a while, both groups stop for a snack and a little break. One of the children mentions that he likes snakes and hopes to see them soon. To which Cristofer reacts badly and starts breathing very quickly. "Snakes? I don't want to see them!" he exclaims in panic.

Los demás niños se asombran, y de repente hay un **silencio** total. Cristofer decide **separarse** y **escapar** hacia otro lado. Yesenia se levanta y pide a todos que esperen a su regreso. Camina durante unos minutos y, a lo lejos, lo ve junto a la **jaula** de los lémures. Estos pequeños y **curiosos** animales están cerca de él, mientras **llora** y aprieta los **puños**. Ella se acerca lentamente y pone una mano en su **hombro**:

The other children are in shock, and suddenly there is total silence. Cristofer decides to split up and escape to another place. Yesenia gets up and asks everyone to wait for her return. She walks for a few minutes, and in the distance, she sees him next to the lemurs' cage. These curious little animals are close to him, as he cries and clenches his fists. She slowly approaches him and puts a hand on his shoulder:

- **Yesenia:** ¿Estás bien?
- **Cristofer:** Le tengo miedo a las serpientes. No las soporto.
- **Yesenia:** A mí tampoco me gustaban. Me parecían feas, a decir verdad, pero ahora son mis favoritas.
- **Cristofer:** ¿En serio?
- **Yesenia:** Así es. Luego entendí que son fascinantes e importantes para el reino animal y la naturaleza. Son incomprendidas y no tienen muchos amigos.
- **Cristofer:** ¿Son todas venenosas?
- **Yesenia:** No todas, sólo algunas. ¿Te gustaría verlas a mi lado?
- **Cristofer:** Está bien, profesora. Ya me siento mejor.

- ***Yesenia**: Are you all right?*
- ***Cristofer**: I am afraid of snakes. I can't stand them.*
- ***Yesenia**: I didn't like them either. I found them ugly, to tell you the truth, but now they are my favorites.*
- ***Cristofer**: Really?*
- ***Yesenia**: That's right. Then I understood that they are fascinating and important for the animal kingdom and nature. They are misunderstood and don't have many friends.*
- ***Cristofer**: Are they all poisonous?*
- ***Yesenia**: Not all of them, just some of them. Would you like to see them next to me?*
- ***Cristofer**: It's all right, teacher. I feel better now.*

Ambos **regresan** a donde están los demás, y todos reciben a Cristofer. Algunos lo abrazan y otros le preguntan si se siente mejor. Ya está más tranquilo, así que **reanudan** el recorrido.

They both return to where the others are, and everyone welcomes Cristofer. Some hug him, and others ask him if he is feeling better. He is calmer now, so they resume the tour.

Al cabo de un rato, llegan a la parte del zoológico donde están las serpientes. Cristofer **aprieta** la mano de su profesora y ella le dice "todo va a estar bien, no te harán daño". Ella se acerca al vidrio que las separa de ellos y pone la mano en el cristal. Están viendo las **boas constrictoras** y una de ellas se acerca. Es marrón y tiene manchas oscuras por todas partes.

After a while, they reach the part of the zoo where the snakes are. Cristofer squeezes his teacher's hand, and she tells him, "everything will be okay, they won't hurt you." She approaches the glass that separates them and puts her hand on the glass. They are looking at the boa constrictors, and one of them comes towards them. It is brown and has dark spots all over it.

- **Yesenia:** ¿Ves? Son bastante tranquilas y no tienen **extremidades**.
- **Cristofer:** ¿De verdad no hacen **daño**?
- **Yesenia:** Así es, aunque todos los animales pueden hacer daño si no se respetan y se les trata mal.
- **Cristofer:** Como nosotros, ¿verdad? No son muy diferentes a las personas.
- **Yesenia:** Tienes toda la razón. **Existen** muchísimos tipos de serpientes en el mundo, pero sólo unas pocas son **venenosas**.
- **Cristofer:** Espero ser amigo de ellas algún día.

- ***Yesenia**: See, they are pretty calm and have no limbs.*
- ***Cristofer**: They really don't do any harm?*
- ***Yesenia**: That's right, although all animals can do harm if they are not respected and are poorly treated.*
- ***Cristofer**: Just like us, right? They are not very different from people.*
- ***Yesenia**: You are absolutely right. There are many, many types of snake in the world, but only a few are poisonous.*
- ***Cristofer**: I hope to be friends with them someday.*

A partir de allí, disfrutan del resto del zoológico sin ningún problema. Cristofer se da cuenta de que sus nuevos **compañeros** se **preocupan** por él y quieren que se sienta cómodo. Ya no hay ningún **miedo** de por medio, y empieza a hablar con todos. Se siente feliz por hacer nuevos amigos, y por haber aprendido una importante **lección** con su nueva profesora.

From there on, they enjoy the rest of the zoo without any problems. Cristofer realizes that his new classmates care about him and want him to feel comfortable. There is no longer any fear involved, and he starts talking to everyone. He is happy to make new friends, and to have learned an important lesson with his new teacher.

Resumen

Cristofer es un niño que se muda recientemente a una nueva ciudad y que pronto empezará la escuela. El gran día llega y su nueva profesora lo está esperando. Una vez juntos, ella le muestra el lugar y allí observa que hay distintos clubes a los que puede unirse. También hay canchas y piscinas. Es un ambiente muy agradable. Una vez en el salón, Cristofer se presenta frente a todos. Sus nuevos compañeros lo reciben con amabilidad y calidez.

Al paso de los días, la profesora se da cuenta de que tiene problemas para relacionarse con el resto del grupo. Es muy callado y aún no se incluye con el resto. Un día, se le ocurre una muy buena idea. Decide llevar a su clase a una visita al zoológico. De esa forma, Cristofer se puede incluir a los demás para así hablar y socializar.

Llega el día y todos se dirigen allá. Van junto a otra profesora y el grupo se divide en dos partes. Pueden ver distintos tipos de aves y mamíferos. Hay una gran cantidad de animales hermosos y todos hablan al respecto. A mitad de la mañana, deciden tomar una pausa para merendar y descansar. En ese momento, Cristofer escucha a otro niño hablar sobre las serpientes y que quiere verlas. Cristofer entra en pánico y se va. La profesora Yesenia lo busca y lo tranquiliza amablemente. Le enseña la importancia del respeto hacia otros animales y que estos no le harán ningún daño. Cristofer se siente mucho mejor, y también aprende una lección muy importante gracias a su profesora.

Summary

Cristofer is a boy who recently moved to a new town and who will soon start school. The big day arrives, and his new teacher is waiting for him. Once together, she shows him around, and there he notices that there are different clubs that he can join. There are also sports courts and swimming pools. It is a lovely environment. Once in the classroom,

Cristofer introduces himself in front of everyone. His new classmates welcome him with kindness and warmth.

As the days go by, the teacher notices that he has trouble relating to the rest of the group. He is very quiet and has yet to include himself with the rest. One day, she comes up with an excellent idea. She decides to take her class on a visit to the zoo. That way, Cristofer can be included with the others so he can talk and socialize.

The day arrives, and everyone goes to the zoo. They go with another teacher, and the group splits in two. They get to see different kinds of birds and mammals. There are many beautiful animals, and they all talk about it. In the middle of the morning, they decide to take a break for a snack and some rest. At that moment, Cristofer hears another boy talking about snakes and that he wants to see them. Cristofer panics and leaves. The teacher Yesenia looks for him and kindly calms him down. She teaches him the importance of respecting other animals and that they will not harm him. Cristofer feels much better, and also learns a very important lesson thanks to his teacher.

Preguntas

Questions

1. **¿Cuál es el animal favorito de Cristofer? / What is Cristofer's favorite animal?**
   a. El lémur.
   b. El avestruz.
   c. El puma.
   d. El elefante.
2. **¿A qué animales le teme Cristofer? / What animals does Cristofer fear?**
   a. A las aves.
   b. A los monos.
   c. A los caninos.
   d. A las serpientes.
3. **¿Cuáles son los animales favoritos de Yesenia? / What are Yesenia's favorite animals?**
   a. Las serpientes.
   b. Las águilas.

c. Los gorilas.
d. Las guacamayas.

4. ¿Cuántos profesores fueron al zoológico? / How many teachers went to the zoo?

a. Dos.
b. Tres.
c. Sólo la profesora Yesenia.
d. Ninguna de las anteriores.

5. ¿A qué club de la escuela quiere unirse Cristofer? / Which school club does Cristofer want to join?

a. Al club de natación.
b. Al club de ciencias.
c. Al club de teatro.
d. Al club de fútbol.

Respuestas

Answers

1. El puma.
2. Las serpientes.
3. Las serpientes.
4. Dos.
5. Al club de natación.

Vocabulary List

The words in this list are essential for learning the Spanish language, and for better understanding the story. This list contains pronouns, adjectives, nouns, adverbs, prepositions, among others from the story. Some words have several meanings, so try to relate them according to the context.

Águilas	Eagles
Ajedrez	Chess
Animales	Animals
Baloncesto	Basketball
Boas	Boas

Autobús escolar	School Bus
Cacatúas	Cockatoos
Canchas	Courts
Cálidamente	Kindly
Cardenales	Cardinals
Cariño	Sweetie
Cisnes	Swans
Comedor	Dining Room
Compañeros	Classmates
Constrictoras	Constrictors
Conversaciones	Conversations
Curiosos	Curious
Daño	Damage
Deporte	Sport
Divide	Divide
Encantado	Fascinated
Entrada	Entry
Extremidades	Extremities
Felinos	Felines
Frente	Front
Fuerte	Strong
Garganta	Throat
Gigantesco	Gigantic
Gorilas	Gorillas
Guacamayas	Macaws
Hombro	Shoulder
Instalaciones	Facilities
Jaula	Cage
Lección	Lesson
Lémures	Lemurs
León	Lion
Leopardos	Leopards
Mamíferos	Mammals

Miedo	Fear
Monos	Monkeys
Natación	Swimming
Pasillos	Corridors
Pavos reales	Peacocks
Piscinas	Pools
Placer	Pleasure
Puños	Fists
Salón	Salon
Serpientes	Snakes
Silencio	Silence
Tigres	Tigers
Vecindario	Neighborhood
Venenosas	Poisonous
Zoológico	Zoo

Verb List

These are some verbs found in the story, conjugated in the easiest verb tenses. To make it easier, we have added a translation in infinitive for each verb.

Spanish verb	Spanish verb translation	Spanish infinitive form
Aprieta	Press	Apretar
Detienen	Stop	Detener
Escapar	Escape	Escapar
Exclama	Exclaims	Exclamar
Existen	There Are/Exist	Existir
Llora	Cries	Llorar
Mejorar	Improve	Mejorar
Menciona	Mentions	Mencionar
Preocupan	Worry	Preocupar
Reaccionar	React	Reaccionar
Reanudan	Resume	Reanudar

Regresan	Return	Regresar
Separarse	Separate	Separar
Siente	Feel	Sentir
Socializar	Socialize	Socializar

Personal Pronouns

Yo	I
Tú	You
Él/Ella/Usted (Ud.)	He/She/You
Nosotros	We
Ellos/Ellas/Ustedes (Uds.)	They/They/You.

Verb Conjugation

Infinitive Form	**Infinitive Translation**	**Simple Present**	**Simple Future**	**Simple Past**
Apretar	Press	• yo aprieto • tú aprietas • él/ ella/ Ud. aprieta • nosotros apretamos • ellos/ ellas/ Uds. aprietan	• yo apretaré • tú apretarás • él/ ella/ Ud. apretará • nosotros apretaremos • ellos/ ellas/ Uds. apretarán	• yo apreté • tú apretaste • él/ ella/ Ud. apretó • nosotros apretamos • ellos/ ellas/ Uds. apretaron
Detener	Stop	• yo detengo • tú detienes • él/ ella/ Ud. detiene • nosotros detenemos • ellos/ ellas/ Uds. detienen	• yo detendré • tú detendrás • él/ ella/ Ud. detendrá • nosotros detendremos • ellos/ ellas/ Uds. detendrán	• yo detuve • tú detuviste • él/ ella/ Ud. detuvo • nosotros detuvimos • ellos/ ellas/ Uds. detuvieron
Escapar	Escape	• yo escapo • tú escapas	• yo escaparé • tú escaparás	• yo escapé • tú escapaste

		• él/ ella/ Ud. escapa • nosotros escapamos • ellos/ ellas/ Uds. escapan	• él/ ella/ Ud. escapará • nosotros escaparemos • ellos/ ellas/ Uds. escaparán	• él/ ella/ Ud. escapó • nosotros escapamos • ellos/ ellas/ Uds. escaparon
Exclamar	Exclaim	• yo exclamo • tú exclamas • él/ ella/ Ud. exclama • nosotros exclamamos • ellos/ ellas/ Uds. exclaman	• yo exclamaré • tú exclamarás • él/ ella/ Ud. exclamará • nosotros exclamaremos • ellos/ ellas/ Uds. exclamarán	• yo exclamé • tú exclamaste • él/ ella/ Ud. exclamó • nosotros exclamamos • ellos/ ellas/ Uds. exclamaron
Existir	Exist	• yo existo • tú existes • él/ ella/ Ud. existe • nosotros existimos • ellos/ ellas/ Uds. existen	• yo existiré • tú existirás • él/ ella/ Ud. existirá • nosotros existiremos • ellos/ ellas/ Uds. existirán	• yo existí • tú exististe • él/ ella/ Ud. existió • nosotros existimos • ellos/ ellas/ Uds. existieron
Llorar	Cry	• yo lloro • tú lloras • él/ ella/ Ud. llora • nosotros lloramos • ellos/ ellas/ Uds. lloran	• yo lloraré • tú llorarás • él/ ella/ Ud. llorará • nosotros lloraremos • ellos/ ellas/ Uds. llorarán	• yo lloré • tú lloraste • él/ ella/ Ud. lloró • nosotros lloramos • ellos/ ellas/ Uds. lloraron
Mejorar	Improve	• yo mejoro • tú mejoras • él/ ella/ Ud. mejora • nosotros mejoramos • ellos/ ellas/ Uds. mejoran	• yo mejoraré • tú mejorarás • él/ ella/ Ud. mejorará • nosotros mejoraremos	• yo mejoré • tú mejoraste • él/ ella/ Ud. mejoró • nosotros mejoramos

			• ellos/ ellas/ Uds. mejorarán	• ellos/ ellas/ Uds. mejoraron
Mencionar	Mention	• yo menciono • tú mencionas • él/ ella/ Ud. menciona • nosotros mencionamos • ellos/ ellas/ Uds. mencionan	• yo mencionaré • tú mencionarás • él/ ella/ Ud. mencionará • nosotros mencionaremos • ellos/ ellas/ Uds. mencionarán	• yo mencioné • tú mencionaste • él/ ella/ Ud. mencionó • nosotros mencionamos • ellos/ ellas/ Uds. mencionaron
Preocupar	Worry	• yo preocupo • tú preocupas • él/ ella/ Ud. preocupa • nosotros preocupamos • ellos/ ellas/ Uds. preocupan	• yo preocuparé • tú preocuparás • él/ ella/ Ud. preocupará • nosotros preocuparemos • ellos/ ellas/ Uds. preocuparán	• yo preocupé • tú preocupaste • él/ ella/ Ud. preocupó • nosotros preocupamos • ellos/ ellas/ Uds. preocuparon
Reaccionar	React	• yo reacciono • tú reaccionas • él/ ella/ Ud. reacciona • nosotros reaccionamos • ellos/ ellas/ Uds. reaccionan	• yo reaccionaré • tú reaccionarás • él/ ella/ Ud. reaccionará • nosotros reaccionaremos • ellos/ ellas/ Uds. reaccionarán	• yo reaccioné • tú reaccionaste • él/ ella/ Ud. reaccionó • nosotros reaccionamos • ellos/ ellas/ Uds. reaccionaron
Reanudar	Resume	• yo reanudo • tú reanudas • él/ ella/ Ud. reanuda • nosotros reanudamos	• yo reanudaré • tú reanudarás • él/ ella/ Ud. reanudará • nosotros reanudaremos	• yo reanudé • tú reanudaste • él/ ella/ Ud. reanudó

		• ellos/ ellas/ Uds. reanudan	• ellos/ ellas/ Uds. reanudarán	• nosotros reanudamos • ellos/ ellas/ Uds. reanudaron
Regresar	Return	• yo regreso • tú regresas • él/ ella/ Ud. regresa • nosotros regresamos • ellos/ ellas/ Uds. regresan	• yo regresaré • tú regresarás • él/ ella/ Ud. regresará • nosotros regresaremos • ellos/ ellas/ Uds. regresarán	• yo regresé • tú regresaste • él/ ella/ Ud. regresó • nosotros regresamos • ellos/ ellas/ Uds. regresaron
Separar	Separate	• yo separo • tú separas • él/ ella/ Ud. separa • nosotros separamos • ellos/ ellas/ Uds. separan	• yo separaré • tú separarás • él/ ella/ Ud. separará • nosotros separaremos • ellos/ ellas/ Uds. separarán	• yo separé • tú separaste • él/ ella/ Ud. separó • nosotros separamos • ellos/ ellas/ Uds. separaron
Sentir	Feel	• yo siento • tú sientes • él/ ella/ Ud. siente • nosotros sentimos • ellos/ ellas/ Uds. sienten	• yo sentiré • tú sentirás • él/ ella/ Ud. sentirá • nosotros sentiremos • ellos/ ellas/ Uds. sentirán	• yo sentí • tú sentiste • él/ ella/ Ud. sintió • nosotros sentimos • ellos/ ellas/ Uds. sintieron
Socializar	Socialize	• yo socializo • tú socializas • él/ ella/ Ud. socializa • nosotros socializamos • ellos/ ellas/ Uds. socializan	• yo socializaré • tú socializarás • él/ ella/ Ud. socializará • nosotros socializaremos • ellos/ ellas/ Uds. socializarán	• yo socialicé • tú socializaste • él/ ella/ Ud. socializó • nosotros socializamos • ellos/ ellas/ Uds. socializaron

Chapter 12:

Respuestas inesperadas
Unexpected Answers

Erick es un muchacho de 25 años que **estudia** artes plásticas. **Asiste** a la **universidad** desde hace dos años y **disfruta** mucho de ese **ambiente**. Tiene un grupo de amigos con los que se junta a menudo. Después de cada clase, se reúne con ellos en el salón principal para hablar sobre distintas cosas.

Erick is a 25-year-old man studying fine arts. He has been attending the university for two years and enjoys this environment very much. He has a group of friends with whom he often hangs out. After each class, he meets with them in the main hall to talk about different things.

Los miembros de este grupo son **chicos** y **chicas** con edades entre los 22 y 28 años. Les gusta hablar sobre **películas**, **series** de **televisión**, anime y **videojuegos**. Todos se **divierten** mucho cada vez que están juntos, y muy seguramente ese lazo **perdurará** por mucho tiempo más.

The members of this group are guys and girls between the ages of 22 and 28. They like to talk about movies, TV series, anime, and video games. They all have a lot of fun every time they are together, and most likely, that bond will last for a long time to come.

Un día, Erick decide invitarlos a su cumpleaños **número** 26. Los invita a la **casa de campo** de su tío que queda en una **montaña**. Todos van a pasar un rato genial, y comer **postres** deliciosos. Su mamá y su tía son excelentes **cocineras** y deciden llevar mucho para comer. En el día de la fiesta, los invitados se juntan a charlar, y disfrutar de los paisajes montañosos. Hay una chica del grupo que aún no ha llegado. Su nombre es Johanna, pero ya está en camino.

One day, Erick decides to invite them to his 26th birthday party. He invites them to his uncle's country house on a mountain. Everyone is going to have a great time, and eat delicious desserts. His mom and aunt are excellent cooks, and they decide to bring a lot to eat. On the day of the party, the guests gather and chat, enjoying the mountain views One girl in the group has not arrived yet. Her name is Johanna, but she is on her way.

De repente **suena** el timbre, y Erick sale a recibirla. Después de abrir la **puerta**, Erick se queda **perplejo**. Se ve muy hermosa. Su **voz** se entrecorta y su **lengua** se enreda. No sabe qué decir.

Suddenly the doorbell rings, it is Johanna. Erick comes out to greet her. After opening the door, Erick is left stunned. She looks very beautiful. His voice is cracking, and he gets tongue-tied. He doesn't know what to say.

La verdad es que Erick está **enamorado** de ella desde el primer día. Muy pocas veces han tenido conversaciones fuera del grupo. Erick es muy **tímido**, pero todos se dan cuenta de su **reacción** y se **ríen**. La invita a pasar y los dos se **unen** al grupo. Esa noche la pasan muy bien, y al **día** siguiente todos regresan a casa.

The truth is that Erick has been in love with her since day one. They have rarely had conversations outside of the group. Erick is very shy, but everyone notices his reaction and laughs. He invites her in, and they both join the group. They have a great time that night, and the next day they all go home.

A partir de la siguiente semana, ellos dos empiezan a hablar un poco más seguido. Sus amigos comentan entre sí que hablan más desde el cumpleaños de Erick. Lo que él no sabe es que Johanna siente lo mismo hacia Erick. Ella hizo **prometer** a los demás no decirle nada.

From the following week onwards, the two of them start talking a little more often. His friends comment among themselves that they talk more since Erick's birthday. What he doesn't know is that Johanna feels the same way about Erick. She made the others promise not to say anything to him.

Después de varias semanas, Erick ya no lo soporta más. Quiere invitarla a salir un día, ya que no la ve como una amiga nada más. Pasa horas frente al **espejo tratando** de buscar las palabras **correctas**.

After several weeks, Erick can't take it any more. He wants to ask her out, because he doesn't see her as just a friend. He spends hours in front of the mirror trying to find the right words.

Ese mismo día, él va a la universidad, pero su profesor no puede asistir, así que se dirige al salón principal. No hay nadie más salvo Johanna. Erick toma una **bocanada** de aire y decide sentarse con ella. Él la saluda, pero no le salen las palabras.

That same day, he goes to the university, but his professor can't make it, so he heads to the main hall. No one else is there except Johanna. Erick takes a breath of air and decides to sit with her. He waves to her, but his words won't come out.

- **Johanna:** ¿Sucede algo? Estás más **callado** que de costumbre.
- **Erick:** No te preocupes.
- **Johanna:** ¿Te gustaría ir conmigo al museo un día de estos?
- **Erick:** Espera... ¿qué? Digo... sí. Por supuesto que sí.
- **Johanna:** Muy bien. Nos vemos mañana a las 3 p.m. en el Museo Nacional.

- ***Johanna**: Is something wrong? You are quieter than usual.*
- ***Erick**: Don't worry.*
- ***Johanna**: Would you like to go with me to the museum one of these days?*
- ***Erick**: Wait... what? I mean... yes. Of course I do.*
- ***Johanna**: Very well. See you tomorrow at 3 p.m. at the National Museum.*

Johanna se levanta y se va. Erick está boquiabierto y no dice una sola palabra. "¿Tan obvio soy?", piensa. Se siente más tranquilo y la felicidad lo invade. Johanna es una de las más **brillantes** del grupo, y también es tan tímida como Erick. Mientras eso ocurre, los demás del grupo, escondidos, celebran lo acontecido.

Johanna gets up and leaves. Erick is dumbfounded and doesn't say a word. "Am I that obvious?" he thinks. He feels calmer, and happiness washes over him. Johanna is one of the brightest in the group, and is also as shy as Erick. While that is happening, the others in the group, hidden, celebrate what has happened.

El día finalmente llega, y ambos se encuentran en la entrada del museo. Se saludan con un abrazo y entran al lugar. Allí pueden ver **esculturas antiguas**, tanto griegas como romanas. **Obras realistas** y llenas de detalle. Hay una que llama la atención de Johanna, y le pide a Erick tomarle una foto junto a ella. Le toma un par y después se toman una juntos. Él la abraza de repente y sonríe a la cámara. Johanna se enrojece, pero es un bonito momento.

The day finally comes, and they both meet at the entrance of the museum. They greet each other with a hug and enter the place. There they can see ancient sculptures, both Greek and Roman. Realistic and detailed works. There is one that catches Johanna's attention, and she asks Erick to take a picture of her with it. He takes a couple, and then they take one together. He suddenly hugs her and smiles at the camera. Johanna blushes, but it's a pleasant moment.

La visita al museo sigue, y ahora tienen la **oportunidad** de ver algunos **fósiles** de **dinosaurios**. Hay especímenes muy antiguos y gigantescos. El Museo Nacional se caracteriza por tener distintos tipos de **exhibiciones**.

The visit to the museum continues, and now they have the opportunity to see some dinosaur fossils. There are ancient and gigantic specimens. The National Museum is characterized by having different types of exhibits.

Allí se encuentran esculturas, fósiles, **pinturas** y demás **objetos**. Erick es estudiante de artes plásticas, así que está **familiarizado** con muchas **cosas** de allí. Johanna se interesa mucho por el arte, pero ella estudia **ingeniería**. Caminan cada vez más juntos a medida que atraviesan los pasillos del lugar.

There one can find sculptures, fossils, paintings, and other objects. Erick is a fine arts student, so he is familiar with many things there.

Johanna is very interested in art, but she studies engineering. They walk closer and closer together as they stroll through the corridors of the museum.

Llegan a la sección de arte y pueden **apreciar** pinturas de distintos **períodos**. Allí observan algunas obras **renacentistas** como "Vista de Toledo", por El Greco. Erick le explica a Johanna que es uno de los primeros **paisajes** en óleo de la historia.

They arrive at the art section and appreciate paintings from different periods. There they observe some Renaissance works such as "View of Toledo" by El Greco. Erick explains to Johanna that it is one of the first oil landscapes in history.

Después ven "Venus de Urbino", por Tiziano. Pero la más espectacular y la favorita de Johanna es "La Creación de Adán" por Miguel Ángel. Ella le cuenta que esa obra le causa mucha curiosidad desde niña. En su casa hay una **réplica** que la hizo fanática del arte desde muy pequeña. Erick ama escuchar a Johanna hablar sobre sus cosas favoritas.

Then they see "Venus of Urbino" by Titian. But the most spectacular, and Johanna's favorite, is "The Creation of Adam" by Michelangelo. She tells him that this work has made her very curious since she was a child. In her house, there is a replica that made her an art fan when she was very little. Erick loves to listen to Johanna talk about her favorite things.

Johanna se queda en silencio mientras observa esta última pintura. Erick se acerca y le dice lo siguiente:

- **Erick:** Johanna, me gustaría decirte algo.
- **Johanna:** ¿Sí?
- **Erick:** Me gustaste desde el primer momento que te vi. No puedo ni quiero ocultarlo más.
- **Johanna:** Un momento...
- **Erick:** ¿Sucede algo?
- **Johanna:** Creo que necesito ir al baño.

Johanna remains silent as she observes this last painting. Erick approaches her and tells hersays the following:

- ***Erick**: Johanna, I would like to tell you something.*
- ***Johanna**: Yes?*

- ***Erick**: I liked you from the first moment I saw you. I can't, and I don't want to hide it anymore.*
- ***Johanna**: Wait a minute...*
- ***Erick**: Is something wrong?*
- ***Johanna**: I think I need to go to the bathroom.*

En ese momento, ella se va rápidamente. Erick se arrepiente de lo sucedido y siente que ha cometido un **error**. Luego de un rato se acerca a la puerta del **baño** y trata de llamar a Johanna, pero no responde. Pasan quince minutos y no sale. Erick se va.

At that moment, she quickly leaves. Erick regrets what just happened and feels he has made a mistake. After a while, he approaches the bathroom door and tries to call Johanna, but she doesn't answer. Fifteen minutes pass, and she doesn't come out. Erick leaves.

La salida al museo fue justamente antes de haber una **pausa** en la universidad. No regresan sino hasta dentro de un mes y medio.

The trip to the museum was just before there was a hiatus at the university. They won't be back for another month and a half.

Unas cinco semanas después, Erick decide pasar la tarde en su **parque favorito**. Lleva algunas cosas para comer mientras **escucha** música con sus audífonos. Erick va **frecuentemente** porque está **repleto** de pinos y robles.

About five weeks later, Erick decides to spend the afternoon at his favorite park. He takes a few things to eat while listening to music on his headphones. Erick goes there frequently because it is full of pine and oak trees.

Hay mucha naturaleza y, a pesar de que va mucha **gente**, es muy tranquilo. Le ayuda a pensar con claridad. Después de un rato, él se duerme. Al cabo de unos minutos, siente que alguien se sienta a su lado sin decir nada. Se **asusta** y se levanta rápidamente. Es Johanna.

There is a lot of nature and, even though it is very crowded, it is very quiet. It helps him think clearly. After a while, he falls asleep. A few minutes later, he feels someone sitting next to him without saying anything. He is startled and gets up quickly. It is Johanna.

- **Erick:** ¿Johanna?
- **Johanna:** ¿Te asusté? (Risas)

- **Erick:** Sí, y mucho.

Él se vuelve a sentar y desconecta sus audífonos para dejarlos a un lado.

- **Johanna:** Lamento mucho lo de la otra vez. Me puse demasiado nerviosa.
- **Erick:** No te preocupes. El error fue mío por asumir cosas. No hay problema.
- **Johanna:** Estás **equivocado**.
- **Erick:** Lo sé. No ocurrirá otra vez.
- **Johanna:** No me refiero a eso.
- **Erick:** ¿A qué te refieres?
- **Johanna:** Tú también me gustas.

- ***Erick**: Johanna?*
- ***Johanna**: Did I scare you? (Laughs)*
- ***Erick**: Yes, very much so.*

He sits back down and unplugs his headphones, and puts them aside.

- ***Johanna**: I'm sorry about the other time. I just got too nervous..*
- ***Erick**: Don't worry. The mistake was mine for assuming things. No problem.*
- ***Johanna**: You're wrong.*
- ***Erick**: I know. It won't happen again.*
- ***Johanna**: That's not what I mean.*
- ***Erick**: How so?*
- ***Johanna**: I like you too.*

Resumen

Erick es un muchacho que estudia artes plásticas en la universidad. Estudia allí desde hace dos años y le encanta juntarse con sus amigos. Siempre hablan sobre distintos temas de conversación, tales como películas, series y videojuegos. Siempre pasan el rato después de cada clase y se les suele ver en el salón principal.

Se avecina el cumpleaños de Erick y él decide invitarlos a todos a su cumpleaños. Todos llegan juntos menos Johanna. Al cabo de un rato, ella aparece, y Erick sale a recibirla al escuchar el timbre. Al abrir la puerta, él se queda perplejo. No recuerda haber visto a Johanna tan hermosa como esa noche. Mucho menos tan de cerca. Ella entra y todos pasan una noche divertida repleta de comida y conversaciones variadas.

Luego del cumpleaños de Erick, él y Johanna empiezan a hablar más seguido. Todos notan esto, pero nadie dice nada.

Erick no soporta la presión, y un día decide invitarla a salir. La encuentra en el salón principal y se sienta a su lado, pero no sabe qué decir. Ella aprovecha el momento y lo invita al Museo Nacional. Él, perplejo, acepta.

Al día siguiente se ven en el lugar acordado y entran a ver las obras de arte que yacen allí. Se encuentran con esculturas, fósiles antiguos, pinturas famosas y otras reliquias. Luego de un rato, Erick decide expresar sus sentimientos hacia Johanna, pero ella se siente ansiosa y decide ir al baño. Luego de quince minutos de espera, él decide irse. Cree que cometió un error y se siente mal.

Luego de unas cinco semanas, durante un receso académico, Erick pasa la tarde en su parque favorito. Lleva cosas para comer y sus audífonos para escuchar música. Al cabo de un rato se duerme, pero de repente alguien se sienta a su lado. Es Johanna. Ella se disculpa, pero a la vez le hace saber que sus sentimientos hacia él son los mismos.

Summary

Erick is a boy who studies fine arts at the university. He has been studying there for two years and loves to hang out with his friends. They always talk about different topics of conversation, such as movies, series, and video games. They always hang out after every class and are usually seen in the main hall.

Erick's birthday is coming up, and he decides to invite everyone to his birthday party. Everyone arrives together except Johanna. After a while, she appears, and Erick greets her when he hears the doorbell ring. When he opens the door, he is perplexed. He doesn't remember seeing Johanna as beautiful as she was that night. Much less up close. She enters, and they all have a fun evening filled with food and various conversations.

After Erick's birthday, he and Johanna start talking more often. Everyone notices this, but no one says anything.

Erick can't stand the pressure and one day decides to ask her out. He finds her in the main hall and sits down next to her, but doesn't know what to say. She seizes the moment and invites him to the National Museum. He, perplexed, accepts.

The next day, they meet at the agreed place and see the artworks that lie there. They find sculptures, ancient fossils, famous paintings and other relics. After a while, Erick decides to express his feelings to Johanna, but she feels anxious and decides to go to the bathroom. After fifteen minutes of waiting, he decides to leave. He thinks he made a mistake and feels bad.

After about five weeks, during an academic break, Erick spends the afternoon at his favorite park. He brings things to eat and his headphones to listen to music. After a while, he falls asleep, but suddenly someone sits down next to him. It's Johanna. She apologizes, but at the same time lets him know that her feelings for him are the same.

Preguntas

Questions

1. **¿Cuál es la pintura favorita de Johanna? / What is Johanna's favorite painting?**
   a. La Creación de Adán.
   b. La Mona Lisa.
   c. La Torre de Babel.
   d. Venus de Urbino.
2. **¿Qué carrera estudia Erick? / What does Erick study?**
   a. Artes plásticas.
   b. Ingeniería.
   c. Educación.
   d. Psicología.
3. **¿Qué edad tiene Erick al terminar la historia? / How old is Erick at the end of the story?**
   a. 26.
   b. 25.
   c. 27.
   d. 24.

4. **¿Por qué Erick frecuenta su parque favorito? / Why does Erick go to his favorite park?**
    a. Porque es tranquilo.
    b. Porque siempre hacen conciertos.
    c. Porque puede patinar.
    d. Porque es muy ruidoso.
5. **¿Cuáles son los temas favoritos de Erick y sus amigos? / What are Erick and his friends' favorite topics?**
    a. Películas, videojuegos, series de televisión y anime.
    b. Cocina, repostería y culinaria en general.
    c. Las cuatro estaciones del año.
    d. Sobre animales y ciencia.

Respuestas

Answers

1. La Creación de Adán.
2. Artes plásticas.
3. 26.
4. Porque es tranquilo.
5. Películas, videojuegos, series de televisión y anime.

Vocabulary List

The words in this list are essential for learning the Spanish language, and for better understanding the story. This list contains pronouns, adjectives, nouns, adverbs, prepositions, among others from the story. Some words have several meanings, so try to relate them according to the context.

Ambiente	Environment
Antiguas	Old/Ancient
Baño	Bathroom
Bocanada	Breath/Puff
Brillantes	Bright
Callado	Quiet
Casa de campo	Country house

Chicas	Girls
Chicos	Guys/Boys
Cocineras	Cooks
Cosas	Things
Correctas	Right/Correct
Día	Day
Dinosaurios	Dinosaurs
Enamorado	In Love
Equivocado	Wrong
Esculturas	Sculptures
Espejo	Mirror
Error	Mistake
Exhibiciones	Exhibits
Familiarizado	Familiar
Favorito	Favorite
Fósiles	Fossils
Frecuentemente	Frequently
Gente	People
Ingeniería	Engineering
Lengua	Tongue
Montaña	Mountain
Número	Number
Objetos	Objects
Obras	Works
Oportunidad	Opportunity
Paisajes	Landscapes
Parque	Park
Pausa	Break/Pause/Hiatus
Películas	Films
Períodos	Periods
Perplejo	Stunned/Perplexed
Pinturas	Paintings
Postres	Desserts
Puerta	Door
Reacción	Reaction

Realistas	Realists
Renacentistas	Renaissance
Repleto	Full
Réplica	Replica
Series	Series
Televisión	Television
Tímido	Shy
Universidad	University
Videojuegos	Video Games
Voz	Voice

Verb List

These are some verbs found in the story, conjugated in the easiest verb tenses. To make it easier, we have added a translation in infinitive for each verb.

Spanish verb	Spanish verb translation	Spanish infinitive form
Apreciar	Appreciate	Apreciar
Asiste	Attend	Asistir
Asusta	Scares	Asustar
Disfruta	Enjoy	Disfrutar
Divierten	Amuse	Divertir
Escucha	Listen	Escuchar
Estudia	Studies	Estudiar
Perdurará	Last	Perdurar
Prometer	Promise	Prometer
Ríen	Laugh	Reír
Suena	Sounds	Sonar
Tratando	Trying	Tratar
Unen	Join	Unir

Personal Pronouns

Yo	I

Tú	You
Él/Ella/Usted (Ud.)	He/She/You
Nosotros	We
Ellos/Ellas/Ustedes (Uds.)	They/They/You.

Verb Conjugation

Infinitive Form	Infinitive Translation	Simple Present	Simple Future	Simple Past
Apreciar	Appreciate	• yo aprecio • tú aprecias • él/ ella/ Ud. aprecia • nosotros apreciamos • ellos/ ellas/ Uds. aprecian	• yo apreciaré • tú apreciarás • él/ ella/ Ud. apreciará • nosotros apreciaremos • ellos/ ellas/ Uds. apreciarán	• yo aprecié • tú apreciaste • él/ ella/ Ud. apreció • nosotros apreciamos • ellos/ ellas/ Uds. apreciaron
Asistir	Attend	• yo asisto • tú asistes • él/ ella/ Ud. asiste • nosotros asistimos • ellos/ ellas/ Uds. asisten	• yo asistiré • tú asistirás • él/ ella/ Ud. asistirá • nosotros asistiremos • ellos/ ellas/ Uds. asistirán	• yo asistí • tú asististe • él/ ella/ Ud. asistió • nosotros asistimos • ellos/ ellas/ Uds. asistieron
Asustar	Scare	• yo asusto • tú asustas • él/ ella/ Ud. asusta • nosotros asustamos • ellos/ ellas/ Uds. asustan	• yo asustaré • tú asustarás • él/ ella/ Ud. asustará • nosotros asustaremos • ellos/ ellas/ Uds. asustarán	• yo asusté • tú asustaste • él/ ella/ Ud. asustó • nosotros asustamos • ellos/ ellas/ Uds. asustaron
Disfrutar	Enjoy	• yo disfruto • tú disfrutas • él/ ella/ Ud. disfruta	• yo disfrutaré • tú disfrutarás • él/ ella/ Ud. disfrutará	• yo disfruté • tú disfrutaste • él/ ella/ Ud. disfrutó

		• nosotros disfrutamos • ellos/ ellas/ Uds. disfrutan	• nosotros disfrutaremos • ellos/ ellas/ Uds. disfrutarán	• nosotros disfrutamos • ellos/ ellas/ Uds. disfrutaron
Divertir	Amuse	• yo divierto • tú diviertes • él/ ella/ Ud. divierte • nosotros divertimos • ellos/ ellas/ Uds. divierten	• yo divertiré • tú divertirás • él/ ella/ Ud. divertirá • nosotros divertiremos • ellos/ ellas/ Uds. divertirán	• yo divertí • tú divertiste • él/ ella/ Ud. divirtió • nosotros divertimos • ellos/ ellas/ Uds. divirtieron
Escuchar	Listen	• yo escucho • tú escuchas • él/ ella/ Ud. escucha • nosotros escuchamos • ellos/ ellas/ Uds. escuchan	• yo escucharé • tú escucharás • él/ ella/ Ud. escuchará • nosotros escucharemos • ellos/ ellas/ Uds. escucharán	• yo escuché • tú escuchaste • él/ ella/ Ud. escuchó • nosotros escuchamos • ellos/ ellas/ Uds. escucharon
Estudiar	Study	• yo estudio • tú estudias • él/ ella/ Ud. estudia • nosotros estudiamos • ellos/ ellas/ Uds. estudian	• yo estudiaré • tú estudiarás • él/ ella/ Ud. estudiará • nosotros estudiaremos • ellos/ ellas/ Uds. estudiarán	• yo estudié • tú estudiaste • él/ ella/ Ud. estudió • nosotros estudiamos • ellos/ ellas/ Uds. estudiaron
Perdurar	Last	• yo perduro • tú perduras • él/ ella/ Ud. perdura • nosotros perduramos • ellos/ ellas/ Uds. perduran	• yo perduraré • tú perdurarás • él/ ella/ Ud. perdurará • nosotros perduraremos • ellos/ ellas/ Uds. perdurarán	• yo perduré • tú perduraste • él/ ella/ Ud. perduró • nosotros perduramos • ellos/ ellas/ Uds. perduraron

Prometer	Promise	• yo prometo • tú prometes • él/ ella/ Ud. promete • nosotros prometemos • ellos/ ellas/ Uds. prometen	• yo prometeré • tú prometerás • él/ ella/ Ud. prometerá • nosotros prometeremos • ellos/ ellas/ Uds. prometerán	• yo prometí • tú prometiste • él/ ella/ Ud. prometió • nosotros prometimos • ellos/ ellas/ Uds. prometieron
Reír	Laugh	• yo río • tú ríes • él/ ella/ Ud. ríe • nosotros reímos • ellos/ ellas/ Uds. ríen	• yo reiré • tú reirás • él/ ella/ Ud. reirá • nosotros reiremos • ellos/ ellas/ Uds. reirán	• yo reí • tú reíste • él/ ella/ Ud. rio • nosotros reímos • ellos/ ellas/ Uds. rieron
Sonar	Sound	• yo sueno • tú suenas • él/ ella/ Ud. suena • nosotros sonamos • ellos/ ellas/ Uds. suenan	• yo sonaré • tú sonarás • él/ ella/ Ud. sonará • nosotros sonaremos • ellos/ ellas/ Uds. sonarán	• yo soné • tú sonaste • él/ ella/ Ud. sonó • nosotros sonamos • ellos/ ellas/ Uds. sonaron
Tratar	Try	• yo trato • tú tratas • él/ ella/ Ud. trata • nosotros tratamos • ellos/ ellas/ Uds. tratan	• yo trataré • tú tratarás • él/ ella/ Ud. tratará • nosotros trataremos • ellos/ ellas/ Uds. tratarán	• yo traté • tú trataste • él/ ella/ Ud. trató • nosotros tratamos • ellos/ ellas/ Uds. trataron
Unir	Join	• yo uno • tú unes • él/ ella/ Ud. une • nosotros unimos • ellos/ ellas/ Uds. unen	• yo uniré • tú unirás • él/ ella/ Ud. unirá • nosotros uniremos • ellos/ ellas/ Uds. unirán	• yo uní • tú uniste • él/ ella/ Ud. unió • nosotros unimos • ellos/ ellas/ Uds. unieron

Printed in Great Britain
by Amazon

43620566R00116